T U L I P
개혁주의 5대 교리

기독교 신앙의 다섯 가지 기둥

저자 **최갑진** 목사

· 고신대학교 신학과 졸업
· 고려신학대학원 목회학 석사 전공(M.div.)
· 러시아 모스크바 기쁜 교회 목사

기독교 신앙의 다섯 가지 기둥

3쇄 펴낸날 2019년 7월 19일
지 은 이 최갑진
펴 낸 이 장상태
펴 낸 곳 디다스코
          서울시 서초구 서초동 1355-3 서초월드오피스텔 1605호
전   화 02-6415-6800
팩   스 02- 523-0640
이 메 일 is6800@naver.com

등   록 2015년 10월 01일
신고번호 제 2015-000224 호

ISBN 979-11-956561-0-3
Copyright@디다스코

값은 표지에 있습니다.

디다스코는 헬라어로 "가르치다"는 뜻입니다. 예수님께서 제자들에게 말씀을 가르쳤고, 이 가르침에 따라 교회가 세워지고 복음이 전해졌습니다. 디다스코 출판사는 교회의 말씀 교육과 건전한 교리 교육을 돕기 위한 작은 밀알로 하나님 앞에 사용되길 원합니다.

| 개혁주의 5대 교리 TULIP 5주 교재 |

기독교 신앙의 다섯 가지 기둥

교회를 세우고 신앙을 지켜온 정통 기독교 진리의 기둥

최갑진 지음

Total
Depravity

Unconditional
Election

Limited
Atonement

Irresistible
Grace

Perseverance
of the Saints

디다스코

저는 남들보다 조금 늦은 나이에 목사가 되기로 결심하고 신학교에 입학했습니다. 비록 늦게 시작한 공부였지만 무척이나 즐겁고 행복했습니다. 오히려 '나는 왜 신학교에서 가르치는 내용을 삼십 년 동안 교회에 다니며 들어 보지 못했을까?' 라는 안타까운 마음이 생겨날 정도였습니다. 저는 S.F.C(학생신앙운동) 출신입니다. 이 단체의 강령 중에 "우리는 전통적 웨스트민스터 신앙고백서 및 대소요리 문답을 우리의 생활신조로 한다."는 내용이 있습니다. 하지만 그때까지 저는 웨스트민스터 신앙고백서를 단 한 번도 읽어 본 적이 없었습니다. 장로교회의 교리 표준문서들이 존재한다는 사실조차 신학교에 입학한 후에야 알게 되었습니다. 저는 신앙고백서 전문을 처음으로 읽던 날 느낀 생생한 감동을 아직도 기억합니다. 수차례 반복하여 읽고 또 읽었습니다. 얼마나 큰 감동을 받았는지 목사가 되면 이 내용을 반드시 가르치겠노라 다짐했습니다.

그러나 시간이 지나 막상 목회 현장에 나와 보니 상황이 그리 녹녹하지 않았습니다. 어떻게 가르쳐야 할지도 잘 몰랐고 신앙고백서와 같은 내용을 가르칠만한 상황도 아니었습니다. 저는 한동안 고심하다 종교개혁의 선배들이 올바른 교리

교육에 열중하여 왔다는 사실을 알게 되었습니다. 그들은 중세교회의 교리적 이탈이 교회를 얼마나 심각하게 위협하는지 뼈저리게 경험하였기 때문에, 올바른 교리교육을 통해 하나님의 말씀을 보존할 뿐만 아니라 그 진리를 효과적으로 전수하려고 힘썼습니다. 이것은 매우 합당하고 적절했습니다. 그리고 최근 몇 년 사이 하나님은 의식 있는 몇몇 사람들을 사용하셔서 한국교회 안에도 때아닌 교리 열풍을 일으키셨습니다. 이 열풍은 무지하고 보잘것없는 저에게까지 전달되었고 새로운 동기를 부여했습니다. 당시에 저는 부천에 있는 지역교회에서 초등부를 담당하던 중이어서 초등학생들에게 교리를 가르칠만한 교재를 수소문했지만 찾을 수 없었습니다. 결국 목마른 사람이 우물을 판다고 스스로 교재를 만들어 지도해 보기로 했습니다. 이것을 토대로 현재 사역하고 있는 대학부 청년들을 위하여 새롭게 교정한 것을 이번에 출판하게 되었습니다.

개혁주의 5대 교리는 하나님의 주권을 명백히 드러내고 있다는 결코 간과할 수 없는 장점이 있습니다. 자연 상태의 인간은 항상 자기를 중심으로 사고하며 하나님의 자리를 차지하길 원합니다. 기독교 신앙 안에 있는 사람이라 할지라도 적절한 배움이 없으면 언제든지 전적인 삼위 하나님의 구원의 공로를 가로챌 위험이 있습니다. 이 책을 읽고 배운 많은 학생들은 그동안 자신들도 모르게 부패한 본성을 따라 생각하고 있었다는 사실에 놀라워했습니다. 이것은 평소 우리의 사고가 성경과 동떨어져 있다는 반증이었습니다. 아마 본 교재를 공부하는 동안에 많은 분들이 이와 유사한 경험을 하게 될 것입니다.

본 교재의 기본적인 목표는 개혁주의 5대 교리를 논리적으로 설득력 있게 가르쳐서 하나님에 관한 참된 지식을 보다 분명하게 전달하는 것입니다. 특별히 신자의 구원에 있어 성삼위 하나님의 일하심에 대한 구체적인 지식이 생겨나길 기대합니다. 교재의 구성은 우선 교리에 대한 이해가 부족하신 분들을 위해 몇 가지 도움이 될만한 정보를 설명하였습니다. 본 과정에 들어가서는 칼빈주의 5대 교리의 부제목에 초점을 맞추어서 그 사상과 원리들을 쉽게 이해시키는 데 주력하였으며, 총 다섯 과로 나누어 각 과의 마지막에 평소 사람들이 가지고 있는 신앙의 의문들에 답하면서 신앙의 오류를 시정하고자 노력하였습니다. 교리를 설명하는 본문은 유해무 교수의 책 「개혁교의학」을 주로 참고하였고, 내용은 「도로트 신조 강해」라는 책의 도움을 많이 받았습니다. 아무쪼록 교재를 사용하여 하나님을 더욱 알기 원하는 모든 분들에게 크신 하나님의 은총이 함께하시길 기원하며 참되게 하나님을 예배하는 자들이 더욱 많아지길 소망합니다. 끝으로 성삼위 하나님께 모든 영광을 올려드립니다.

최갑진 목사

기독교 신앙의 다섯 가지 기둥

c·o·n·t·e·n·t·s

➡➡ 교리 공부를 시작하며

하나님을 아는 참된 지식은 예수 그리스도에 의하여 세상에 나타났고 사도들에 의하여 전수되었으며 영감 받은 저자들에 의하여 성경으로 기록되었습니다. 그리고 교회는 성경에 계시된 하나님의 말씀을 가르치고 보존하며 전수할 위대한 사명을 위임 받았습니다(마 28:20). 교리는 이러한 교회의 사명을 완수하기에 가장 유익한 방편들 중 하나입니다.

1) 교리란 무엇인가?

교리(doctrina)란 헬라어 '디다케'에서 유래된 용어인데 어원은 교훈(가르침)을 의미합니다. 예수님의 승천 이후 처음에는 사도들과 여러 교회의 교사들에 의하여 하나님의 계시가 구전(口傳)으로 교훈되었습니다. 만약 교리를 어떤 집단이 믿고 따르는 내용 혹은 신앙의 도리라고 정의한다면, 성경보다도 교리가 먼저 있었습니다. 그리고 교리를 온전히 보존하고 더욱 잘 전수할 목적으로 하나님의 영감을 받은 후대의 사람들에 의해 성경이 기록되었습니다. 성경의 기록 이후의 교회는 오히려 성경을 해석하여 교리를 발견하는 역순의 과정을 통해 교리를 가르쳤습니다. 그렇게 발견되고 선포된 교리들은 교회의 결정에 따라 일부는 수용되고 일부는 거부되었습니다(벧후 3:15-16). 이런 과정을 통해서 점점 교회의 교리들은 체계를 갖추기 시작했으며 논리적으로 발전했습니다. 이와 같은 이유에서 오늘날의 교리는 단순히 교훈이라는 의미뿐 아니라 체계라는 의미를 함께 가지게 되었습니다. 정리하면, 교리는 성경에 계시된 믿음의 내용들을 해석하여 정리하고 그것을 논리적으로 체계화하여 진술한 것입니다. 예를 들어 삼위일체 교리는 성경에 직접적으로 등장하지 않지만 성경은 성부 성자 성령 하나님이 동등한 한 분 하나님이시라고 분명히 말하고 있습니다. 많은 사람들이 교리하면 딱딱한 교과서 같은 느낌을 받지만, 성경을 읽고 해석하는 사람이라면 누구나 각자의 교리를 가지고 있습니다. 여기서 중요한 문제는 과연 내가 인정한 교리가 하나님께서 계시하신 참되고 바른 교리인가 하는 점입니다.

2) 교의란 무엇인가?

교의(dogma)는 교리(doctrina)와 비슷한 용어입니다. 사실 칼빈은 두 단어를 동의어로 사용하기도 하였습니다. 그러나 교리와 교의를 구별해서 사용하는 입장에서는 그럴만한 이유가 있습니다. 교의는 어원적으로 규정하다라는 뜻을 가지고 있으며, 어떤 학파의 철학적인 입장 또는 객관적인 결정이라는 의미로 사용되어 왔습니다. 이처럼 교리는 그 자체로서 교리의 기능을 하지만 교의를 말할 때는 공적인 권위가 포함됩니다. 교의란 여러 교리들 가운데서 하나님의 신적인 권위를 따라 우리가 믿을만한 내용이 무엇인지를 공동의 교회가 검증하여 확정한 것입니다. 만약 공동의 교회가 교의를 확립하는 과정이 없었다면 교리는 결국 어떤 사람들의 하나의 견해로 전락될 위험이 있으며, 흩어진 지역의 교회들은 각자가 믿는 교리를 따라 분열되고 말 것입니다. 이런 점에서 교의란 모든 교회의 신자들이 공동으로 믿고 따라야 할 권위 있는 신앙의 내용이라 하겠습니다.

3) 공교회적 교의의 필요성

교의가 형성되기 시작한 배경에는 진리를 위협하는 이단들과 논리적으로 기독교 교리를 공격하는 철학자들의 영향이 매우 컸습니다. 초대교회는 진리를 보호하고 또한 변증하기 위해 올바른 교리들을 더욱 체계화하였고 논리적으로 발전시켰습니다. 이렇게 확립된 교의들은 진리의 보존과 전수를 위해 교회 내부적으로 요구되기 시작하였으며, 진리의 터 위에 견고한 교회를 세워 갈 목적으로 다음 세대에 전수되어 정통을 이루었습니다. 이러한 공교회적 교의는 오늘날의 교회에도 다음과 같은 실제적인 이유에서 여전히 그 필요성이 인정됩니다.

첫째, 송영의 삶을 위해 필요합니다. 어떤 사람들은 교의와 신앙을 별개로 생각하지만 사실은 그렇지 않습니다. 올바른 교의는 하나님에 대한 바른 생각을 가져오고, 바른 사고를 통해서만 하나님이 기뻐하시는 삶을 살아갈 수 있기 때문입니다. 하나님에 대하여 무지한 자들은 결코 하나님께 영광 돌리는 삶을 살 수 없습니다.

둘째, 복음의 삶을 위해 필요합니다. 복음을 효과적으로 전파하기 위해서는 교의에 대한 이해가 반드시 필요합니다. 교의를 통해 복음을 논리적으로 잘 전달하고 불신자들의 질문에 지혜롭게 대처할 수 있습니다. 오히려 이단 사이비들이 그들 자신의 교리를 더욱 잘 알고 있습니다.

셋째, 진리의 삶을 살기 위해 필요합니다. 현대 사회에는 여러 교파들이 난무하고 자유주의 신학과 인본주의 신학 그리고 번영 신학 등이 교회를 잠식하여 그 폐해가 심각합니다. 뿐만 아니라 이단들도 그 어느 때보다 창궐하고 있습니다. 이토록 어둡고 혼란스러운 시대에 바른 진리를 분별하고 그 진리 가운데서 살아가려면 교의에 대한 이해가 필수적입니다.

넷째, 사랑의 삶을 위해 필요합니다. 예수님을 사랑하는 자들은 그의 계명을 지키는 자들입니다(요 14:21). 어떤 이는 교리보다는 실천이 더 중요하다고 주장합니다. 그러나 주님은 분명히 계명(율법)을 지켜야 주님을 사랑하는 것이라고 하셨습니다. 계명을 모르는데, 어떻게 그 계명을 실천할 수 있겠습니까? 주님의 뜻을 따라 세상 가운데서 그분의 계명을 실현하는 것이 주님을 사랑하는 삶이고, 이는 이웃을 사랑하는 삶과 직결되어 있습니다. 사랑은 율법의 마침이요 완성입니다. 반대로 생각하면 율법에 대한 올바른 이해가 사랑을 완성한다고 볼 수 있을 것입니다.

4) 교의와 성경

비록 교의가 공교회의 권위 있는 결정이라 할지라도 성경과 동등한 권위를 가지고 있지 않습니다. 교의는 역사적이며 동시에 인간의 성찰의 산물입니다. 교의도 교리와 마찬가지로 성경으로 비판을 받으며 이것들은 모두 성경의 권위 아래에 있습니다. 교회는 신적인 권위로서 교의를 세우지만 그 결정에는 항상 오류의 가능성이 열려 있습니다. 하나님은 완전하시지만 교회는 불완전합니다. 지상에서 완전한 교회를 찾는 것은 불가능한 일이기에 교의는 결코 성경과 같이 절대화될 수 없습니다. 그럼에도 교의가 권위를 갖는 이유는 그것이 여전히 성경의 빛을 비추고 있기 때문입니다.

5) 교의의 건전한 기능

- 성도들을 올바르게 교육하며 성도의 책임과 의무를 이해시킨다.
- 진리를 규정하는 것으로 진리에 대한 해석을 고정화하여 보존한다.
- 성경에서 벗어난 모든 오류적인 가르침들에 대해 바른 진리를 방어한다.
- 성경의 가장 중심적이고 필수적인 진리들을 명확하고 쉽게 제시한다.

6) 교의 표준 문서들

●**사도신경**
초대교회들은 지리석으로 멀리 떨어져 있었으며 언어적으로 통일되지 않은 다

양한 환경이었지만, 신앙만큼은 이런 극명한 차이를 무색케 하는 놀라운 일치를 보였습니다. 그 증거는 각 지역의 대표 교회마다 거의 똑같은 신앙고백이 편재해 있었다는 사실로 확인할 수 있습니다. 이 고백서들은 약간의 차이를 제외하고는 동방교회와 서방교회에 나타나는 공통된 현상이었습니다. 당시에 흩어진 교회들이 신앙을 일치시키려는 어떠한 합의나 노력을 기울였는지 우리는 정확히 알 수 없지만, 그리스도와 그의 영이신 성령께서 신앙고백이라는 수단을 사용하셔서 교회의 신앙의 일치를 유도하신 것만큼은 분명해 보입니다. 이러한 공통된 신앙고백이 여러 번의 교회 회의를 거쳐 지금의 사도신경의 형태를 갖추게 되었는데, 이것은 성부, 성자, 성령 하나님에 대한 고백의 세 부분으로 구성되어 있습니다.

●웨스트민스터 신앙고백서

영국의 헨리 8세는 자신의 이혼문제로 로마 가톨릭과 결별을 선언하고 국왕을 수장으로 하는 영국식 개신교회를 탄생시켰습니다. 그러나 여전히 로마 가톨릭의 요소가 교회 곳곳에 남아 있었고 이후 몇 차례 천주교로 회귀하려는 시도가 있었습니다. 1643년 청교도를 주류로 하는 영국의회는 교회를 개혁하기 위해 영국과 스코틀랜드를 포함한 대영제국이 공통적으로 사용할 수 있는 신앙고백과 예배모범과 교회정치 등을 제정하고자 웨스트민스터회의를 소집하였습니다. 이 회의에는 여러 경건한 신학자들과 교회의 총대들 그리고 정치인들이 참여하였으며 회의는 5년 동안 지속되었습니다. 결과적으로 이 회의는 신앙고백서와 대소요리문답을 탄생시켰으며 이 문서들은 영국과 유럽 전역의 교회들의 개혁을 효과적으로 견인하였습니다.

●대 · 소교리문답

웨스트민스터회의는 신앙고백서 외에도 보다 분량이 많은 대교리문답을 곧바로 작성했습니다. 이것은 묻고 답하는 형식으로 구성된 고백문서이며 설교자를 위한 매뉴얼과 비슷했습니다. 196문항으로 구성된 제법 방대한 분량의 내용이었는데 실제로 신앙고백서를 작성하는 것보다 더 오랜 시간을 소요하였다고 합니다. 내용을 보면 사도신경과 십계명 그리고 주기도문에 대한 해설을 포함하고 있으며 믿음의 내용과 신자의 의무들을 다룹니다. 그리고 이것을 요약해 청소년들을 교육한 내용이 소교리문답입니다.

그 밖에 신뢰할만한 신앙고백서 문서들
① 도르트 신조 ② 니케아 신경 ③ 벨직 신경 ④ 스코틀랜드 신앙고백
⑤ 제네바 요리문답 ⑥ 하이델베르크 요리문답

지금까지 살펴본 것처럼 성경에 계시된 하나님의 말씀 중에 가장 핵심적인 신앙의 내용들이 교회의 오랜 역사 가운데서 체계적으로 가르쳐지고 공적으로 고백되어졌으며 보존되어져서 오늘날의 공교회적인 교의로 형성되었습니다. 교의는 성경이 제시하는 핵심적인 진리들을 비교적 단시간에 그리고 명확하게 배울 수 있다는 장점이 있으며, 역사적으로 그리고 공교회적으로 충분히 검증된 성경의 해석으로서 개인의 주관적 해석이 아닌 신앙의 객관성을 추구한다는 장점이 있습니다. 또한 개인과 구습의 오류와 수많은 이단들로부터 신자의 신앙을 보호해 주고 바른 진리 안에 안전히 거할 수 있게 하며 우리의 믿음을 더욱 견고하게 하고 성숙에 이르게 하는 유익이 있습니다. 우리는 전통적 교의의 확립이 교회를 빛 가운데로 인도하며 또한 보존하시려는 하나님의 섭리였다는 사실을 믿음으로 인정하며 이것을 소중히 보존하고 배워 나가야 합니다.

➡➡ 종교개혁

로마제국 황제였던 **콘스탄티누스 대제**는 AD 313년 **밀라노 칙령**으로 기독교를 로마의 종교로 공인했고 정치적 입장을 따라 기독교를 적극 우대하고 지지하였습니다. 이후 교회는 빠른 속도로 바른 신앙을 벗어나 세속의 길로 접어들었는데 그 중심에는 **성직주의**가 자리 잡고 있었습니다. 성직자들은 종교적 지위를 이용해 자신들의 배를 불리는 일에 전념했으며 심지어 **직분**을 돈으로 사고 파는 성직 매매가 성행하였습니다. 그들은 성경을 성직자만의 전유물로 전락시켰고 대신 사람들에게는 비성경적인 교리를 설파했습니다. 또한 **그레고리우스 1세**(재위 590-604) 때 로마의 주교가 교황으로 추대되었는데 그는 사회정의 구현 등에 힘을 쏟으며 교회 지도자로서 역할을 비교적 잘 감당했지만, 뒤를 이은 교황들은 자신의 권위를 높이고 권력과 세력을 불리는 데 집중하며 교회를 타락시키는 데 앞장섰습니다.

교회의 세속화는 약 1,000년 이상 지속되었고 역사학자들은 이 기간을 중세 **종교의 암흑기**라 부릅니다. 이 시기에 **신인협동사상, 연옥사상, 성물숭배, 성인숭배** 등과 같은 비성경적이고 이단적인 사상들이 교회 문화와 성경 교리를 변질시켰습니다. 심지어 교회의 욕망과 잘못된 가르침으로 십자군 전쟁 같은 참상이 벌

어지기도 하였는데, 이러한 칠흑 같은 어두움 가운데서도 하나님은 준비된 사람들을 일으키셔서 하나님의 빛을 비추며 교회를 진리 위에 다시 세우길 원하셨습니다. 대표적인 인물로는 프랑스의 발도, 영국의 위클리프, 그리고 위클리프의 사상을 이어받아 독립운동을 일으킨 보헤미아의 후스와, 영적회복운동을 시도하였다가 순교한 피렌체의 사보나롤라 등이 있습니다. 그러나 종교개혁이 본격적으로 이루어진 것은 16세기 **루터와 칼빈**에 의해서입니다. 특히 이들은 **이신칭의** 교리를 앞세워 가톨릭 교회의 성직주의와 연옥사상 그리고 공로사상 등을 신랄하게 비판하였고 성도들에게 성경적 교리를 가르쳐 교회를 바른 진리 위에 세워 나갔습니다.

⇢⇢ 개혁주의

　종교개혁의 가장 큰 수확은 **성경의 권위를 회복**한 것이었습니다. 개혁가들은 하나님의 말씀인 성경을 각국의 언어로 번역하여 일반 신자들의 손에 들려 주었으며, 성경이 본래 가르치는 바를 명확히 풀어 해석하여 신앙의 오류들을 바로 잡아 나갔습니다. 그 가운데 신학자 **칼빈**은 **기독교 강요**를 저술하여 성경의 핵심 사상과 원리들을 올바르게 전파하는 데 큰 공헌을 남겼습니다. 그는 제네바라는 도시의 종교개혁을 담당하였는데, 사역 기간 동안 여러 가지 역경과 시련이 많았음에도 불구하고 성경 주석을 비롯한 수많은 작품들을 남겨 교회를 올바른 신학과 교리 위에 세우는 데 혁혁한 공을 세웠습니다. 일반적으로 개혁주의를 **칼빈주의**라고 부르기도 하는데 이는 **칼빈**이 개혁주의 신학에 지대한 영향을 미쳤기 때문입니다. 그러나 개혁주의는 단지 칼빈이라는 한 개인을 따르고자 하는 것이 아니며, 종교개혁 당시에 개혁을 주도했던 선배들의 정신과 신학을 계승, 발전시키고 그들의 가르침과 삶을 본받고자 하는 학문 또는 신앙을 말합니다. 아울러 개혁자들의 중요한 기본 정신이 성경으로 돌아가는 것이었기 때문에 개혁주의의 핵심 사상 역시 언제나 성경으로 돌아가는 것입니다.

➡➡ 개혁주의 5대 교리

    치열했던 종교개혁 기간이 지나고 개신교회가 유럽지역에 널리 안정적으로 뿌리를 내리기 시작할 무렵, 일부 사람들이 종교개혁자들의 교리에 문제가 있다며 이의를 제기하기 시작하였습니다. 그중 레이던 대학의 신학교 교수였던 **야코부스 알미니우스**는 본래 종교개혁자들의 교리에 반대하는 사람들을 연구해 재반박하라는 임무를 받은 인물입니다. 그러나 그는 오히려 종교개혁자들의 교리에 문제가 있다며 자신만의 교리를 설파하고 가르쳤습니다. 비록 그는 1609년에 죽었지만 그의 제자들과 추종자들은 개혁주의 교리에 반대하는 **5가지 항목**을 네덜란드 정부에 항의서 형식으로 전달하였고 교회는 급격한 혼란에 빠졌습니다. 이러한 반발에 대해 네덜란드 개혁교회는 누구의 가르침이 보다 성경적인지를 분별하기 위하여 1618년 **도르트**에서 목사와 신학자들로 구성된 국제회의를 개최하게 됩니다(1618-1619년). 오랜 회의 끝에 도르트 총회는 **종교개혁가들의 가르침이 성경적인 바른 교리라는 결론**을 내리고 알미니우스를 따르는 **항론파**들의 다섯 가지 주장을 반대하는 **도르트 신조**를 작성하였습니다. 이 신조에 담긴 다섯 가지의 핵심주제를 요약해 **개혁주의 5대 교리**라고 하며 특별히 영문의 첫 글자를 따서 **TULIP 교리**라고 부릅니다.

1. 성경의 가장 핵심적인 내용을 간파하고 습득한다.

성경은 태초부터 시작된 역사 이야기를 담고 있고 약 40여 명 이상의 저자들이 기록했으며 만물의 시작부터 세상의 마지막 날까지 모든 일들을 담고 있는 책이기 때문에 그 분량이 실로 적지 않습니다. 그러므로 한 개인이 성경 전체의 내용과 사상을 배우고 자신의 것으로 소화하려면 상당한 시간과 어려움이 따를 수밖에 없습니다. 개혁주의 5대 교리는 이런 어려움을 해결하고 성경의 핵심 내용을 요약해 배움으로써 성경의 중심사상과 근본원리를 효과적으로 학습하여 신앙의 뼈대를 세워 줍니다.

2. 성경을 하나님이 원하시는 뜻대로 읽을 수 있는 관점을 익힌다.

성경은 성부 하나님께서 성령 하나님을 통하여 사람을 유기적으로 감동시켜 기록한 책으로 성경의 원 저자는 하나님입니다. 따라서 성경을 읽을 때는 저자이신 하나님의 뜻에 부합하도록 읽는 것이 마땅합니다. 그러나 사람들은 어리석고 교만하여서 자주 이것을 하나님의 뜻과는 무관하게 읽고 해석하려는 시도를 합니다. 5대 교리는 성경을 하나님의 뜻에 합당하게 읽을 수 있는 안목과 바른 성경 해석의 관점을 제공해 줍니다.

3. 거짓 교회들의 잘못된 가르침을 구별하는 분별력을 기른다.

오늘날 많은 교회들이 있지만 하나님의 말씀을 왜곡하고 변질시켜 해석하거나 거짓으로 가르치는 이단들도 너무나 많습니다. 그들은 진리를 벗어나 하나님의 백성들을 거짓되고 악한 길로 인도하며 계속해서 타락한 죄악의 상태에 머물게 만듭니다. 그러나 5대 교리는 거짓 교회들의 잘못된 가르침을 분별할 수 있는 능력을 길러 줍니다.

4. 하나님을 알고 그분을 합당하게 섬기며 예배한다.

5대 교리는 하나님의 은혜와 그분의 속성을 깨닫기에 유익합니다. 우리가 부모님의 생각을 잘 모르면 부모님께서 무엇을 원하고 기뻐하는지를 알 수 없고 그러면 부모님을 효과적으로 섬길 수 없는 것처럼, 하나님을 제대로 알지 못하면 하나님을 바르게 섬길 수 없습니다. 5대 교리를 배움으로써 하나님을 알고 그분을 합당하게 섬기며 예배할 수 있습니다.

5. 우리의 믿음을 견고하게 만든다.

믿음이 흔들리고 회의감이 찾아오는 이유는 현실적인 문제를 비롯해 내적인 신앙의 갈등이 많아지기 때문입니다. 교리는 신앙의 회의와 믿음의 균열이 올 때 다시 한 번 신앙 안에 견고한 기초를 다지고 확신에 거하도록 도와줍니다. 5대 교리는 성경에서 가장 중요한 신앙고백을 정리한 내용으로 좌표를 이탈해 방황하는 믿음과 신앙을 다시 하나님 안으로 인도하기에 유익합니다.

● **마음열기** : 각 과정의 핵심 주제와 연결되는 이슈들이나 예화들을 중심으로 각자의 생각을 나누어 봄으로써 본격적인 과정으로 들어가기 전에 사고(思考)를 환기시켜 주는 과정입니다.

● **내용 살피기** : 각 교리들의 제목을 중심으로 교리의 핵심적인 내용이 무엇인지를 설명하고 그 원리를 이해시키는 과정입니다. 주로 한 단락씩 돌아가며 읽게 하거나 혹은 읽어 주고 그 내용을 설명하여 이해시키는 방식으로 진행합니다. 중간에 질문을 받거나 관련된 질문을 하는 것도 좋습니다.

● **의문점 살피기** : 각 교리에 대한 일반적인 반론이나 의문점에 대답을 하면서 각 교리에 대한 이해에 보다 깊이 도달하는 동시에 신앙적 사고의 오류를 시정해 나가는 과정입니다. 참석한 사람들의 공감을 이끌어 내면서 먼저 질문의 의도를 잘 이해시키고 대답의 내용을 설명하여 줍니다. 핵심만 짚어 주고 각자가 설명을 읽어 보도록 하여도 무방합니다.

● **요점정리** : 본 과에서 배운 내용의 핵심을 간단한 진술로 요약하여 다시금 확인하며 재정립하는 과정입니다.

● **돌아보기** : 본 과정의 내용을 충분히 숙지하고 이해하고 있는지 돌아보는 과정입니다. 앞의 내용들을 살펴보면서 대답을 하도록 하며 진행자는 보다 완전한 답을 찾아나가도록 유도합니다.

● **생각하기** : 배운 내용들을 삶에서 실제적으로 적용해 보는 과정입니다. 배운 내용이 완전히 소화될 수 있도록 충분히 토의합니다.

Chapter 01

전적타락
Total Depravity

[로마서 5:12] 그러므로 한 사람으로 말미암아 죄가 세상에 들어오고
죄로 말미암아 사망이 들어왔나니 이와 같이 모든 사람이 죄를 지었으므로
사망이 모든 사람에게 이르느니라

⊙ 아래의 글을 읽고 순자와 맹자 중 누가 더 성경적인 사상에 가까운지 서로의 생각을 말해 봅시다.

> 중국의 철학자였던 맹자는 인간의 본성은 본래 선하다는 성선설을 주장하였다. 순전한 하늘의 도덕성이 인간의 본성에 새겨져 출생한다는 주장이다. 반대로 순자는 성악설을 주장하였는데 성악설은 사람이 태어나면서부터 가지고 있는 감성적인 욕망에 주목하고, 그것을 자연 상태로 두면 사회적인 혼란을 야기하기 때문에 인간의 본성을 악한 것으로 간주하였다. 그러나 맹자와 순자는 둘 다 인간의 '수양(修養)'을 강조하였다는 점에서 공통점을 가진다. 맹자는 수양을 통해 본성을 확충하고 발전시켜야 한다고 주장한 반면, 순자는 수양을 통해 악을 억제하고 예의를 쌓아올려야 한다고 주장하였다.

➥➥ 이번 과에서는 인간의 전적타락 교리를 통해 고대 철학자들이 오랫동안 고민하였던 인간의 본질적 성향과 내면의 상태에 대해서 함께 배워 보도록 하겠습니다.

1. 전적타락 교리에서 "타락"이 의미하는 바는 무엇입니까?

타락이라는 말은 **올바른 길에서 벗어나 잘못된 길로 빠지는 일**을 의미합니다. 쉽게 말하면 원래는 선하고 올바르던 사람이 어느 날 악한 사람으로 변하여 잘못을 저지르거나 나쁜 일을 행할 때, 그 사람을 **타락했다**고 표현합니다. 타락은 점점 더 악화된다는 의미에서 **부패**라는 말과 함께 사용되기도 합니다. 하나님은 인간을 창조하신 이후에 **좋았다**고 말씀하셨지만, 인간은 얼마 지나지 않아 자신들의 죄로 인하여 타락하고 말았습니다.

➜➜ 창세기에서 해당 부분을 찾아 읽고 인간의 타락 과정을 생각해 봅시다.

1. 하나님이 남자와 여자를 그분의 ___________을 따라 ___________시고 _________ 동산에 살게 하셨습니다(1:27).
2. 하나님은 동산 중앙에 있는 ___________를 먹지 말라고 명령하셨습니다(2:16-17).
3. _______이 _______를 거짓으로 유혹하여 _______를 먹도록 했습니다(3:1-4).
4. 여자는 선악과를 먹고 ___________에게도 주어 그것을 먹게 했습니다(3:6).
5. 남자도 그것을 먹고 인간이 마침내 타락하였습니다.

하나님께서는 에덴이라는 곳에 동산을 창설하시고 그곳을 풍성하고 아름다운 것들로 가득 채우셨습니다. 그리고 생명나무를 포함한 모든 좋은 것들을 인간의 소유로 허락하시며 그들에게 영원한 안식을 선물로 주셨습니다. 다만 한 가지, 하나님은 인간과 조건적인 언약을 세우셨는데 **선과 악을 알게 하는 나무의 열매**를 먹지 말라고 명령하셨습니다(창 2:17). 그러나 사단의 유혹을 받은 인간은 하나님이 주신 의지를 오용하여 그분과의 언약을 파기하고 하나님께 반역하였습니다. 그 결과 인간은 하나님의 저주를 받고 하나님의 형상을 상실한 채 에덴동산에서 쫓겨났으며, 그 본성은 부패하여 악으로 가득 차게 되었습니다. 이것을 교리적 용어로 인간의 **타락**이라고 말합니다.

➯➥ 아래 표에서 인간의 본래 모습과 타락 후의 모습을 생각해 보고 제시된 단어를 채워 봅시다.

지혜, 미움, 총명, 사랑, 다툼, 파괴, 정직, 겸손, 순종, 질투, 순수, 분노, 인내	
타락 전 (거룩)	**타락 후 (부패)**

2. 전적타락 교리에서 "전적"이라는 말의 의미는 무엇입니까?

전적이란 말은 '전부' 혹은 '모든' 이라는 말로 바꾸어 생각할 수 있습니다. 전적타락은 간단히 말하면 전부가 타락했다는 의미입니다. 이것을 보다 구체적으로 아래 세 가지로 이해할 수 있습니다.

① 모든 인간 : 세상에 태어나는 모든 사람

[로마서 5:12] 그러므로 한 사람으로 말미암아 죄가 세상에 들어오고 죄로 말미암아 사망이 들어왔나니 이와 같이 모든 사람이 죄를 지었으므로 사망이 모든 사람에게 이르렀느니라

② 모든 영역 : 사람의 지혜나 마음이나 정서나 의지 등의 모든 영역

[예레미야 17:9] 만물보다 거짓되고 심히 부패한 것은 마음이라

③ 모든 능력 : 구원을 얻을만한 지식이나 선을 행할 수 있는 모든 능력

[에베소서 4:19] 그들이 감각 없는 자가 되어 자신을 방탕에 방임하여 모든 더러운 것을 욕심으로 행하되

특별히 **모든 인간이 태어나면서부터 아담과 같은 부패성을 가지고 태어난다는** 내용의 교리를 **원죄 교리**라고 하는데, 이 교리는 많은 신학자들과 이단들에 의하여 자주 부정되어 왔지만 정통적 교회는 지금까지 원죄 교리를 하나님의 절대적인 진리로 믿고 이를 보존하며 전수하고 있습니다. 원죄 교리를 반대하는 이들은 각각의 개인을 하나의 독보적인 존재로 이해하며 인류는 서로 단절되어 있기 때문에 원죄가 성립하지 않는다고 주장합니다. 그러나 하나님의 창조의 관점에서 볼 때 인류는 아담으로부터 시작해서 모든 사람이 서로 유기적으로 연결되어 있습니다. 그러므로 원죄 교리를 이해할 때는 여러 개체의 나무들을 생각하지 말고 잎이 무성하고 커다란 한 그루의 나무를 생각해야 합니다. 아담을 뿌리에 비유할 때 뿌리로부터 모든 인류가 출생하며 그 본성의 유전이 일어나는 것입니다(눅 6:43). 따라서 아담 이후의 모든 사람이 죄로 오염된 상태로 태어나고 그 죄에 대한 책임도 함께 지며 그들 모두가 필연적으로 죄를 짓습니다.

3. 인간은 **전적타락** 이후에 어떤 **상태가** 되었습니까?

① 영적으로 _________가 되었습니다.

하나님께서는 만일 아담이 실패할 경우 그들이 반드시 죽을 것이라 말씀하셨습니다(창 2:17). 또한 바울은 아담으로 인해 사망이 세상 가운데 들어왔다고 증

거합니다(롬 5:12). 성경에서의 죽음(사망)은 비단 육체적인 죽음뿐 아니라 영적인 죽음, 다시 말해 우리에게 생명을 주신 하나님과의 관계가 단절(차단)되는 것을 의미합니다. 하나님은 절대적으로 거룩하신 분이신데 죄는 본질상 그분과 전혀 무관하며 그분의 속성 중 어느 것도 악과 연결될 수 없습니다. 결과적으로 죄악으로 물든 인간은 하나님으로부터 완전히 단절되어 하나님께 나아갈 수 없게 되었고, 반대로 하나님은 인간과 함께하실 수 없게 되었습니다. 이와 같이 인간은 비록 육체로는 살아있으나 영적으로는 **죽은 자**가 되었습니다.

[로마서 5:12] 그러므로 한 사람으로 말미암아 죄가 세상에 들어오고 죄로 말미암아 사망이 들어왔나니 이와 같이 모든 사람이 죄를 지었으므로 사망이 모든 사람에게 이르렀느니라

② 하나님의 ________을 잃어버렸습니다.

하나님께서는 인간을 그분의 **형상**을 따라 만드셨습니다. 하나님의 선하신 성품이 인간에게도 심어졌습니다. 하나님은 인간을 참된 지식의 총명으로 무장시키시고 그 내면을 정직과 순수함을 가득하게 하셨으며 모든 지혜와 선한 성향들을 가지게 하심으로 참으로 그 전인(全人)을 거룩하게 하셨습니다. 그러나 인간은 하나님께 불순종으로 반역하였으며 하나님의 저주를 초래하였습니다. 그 결과 인간은 하나님으로부터 받은 모든 선하고 좋은 능력, 곧 **하나님의 형상**을 상실하고 말았습니다.

[로마서 3:23] 모든 사람이 죄를 범하였으매 하나님의 영광에 이르지 못하더니

③ ______을 행할 수 없게 되었고 항상 ______만 짓게 되었습니다.

인간은 하나님과의 관계가 차단되어 영적으로 죽었고 하나님께서 주신 모든

좋은 능력을 상실하였습니다. 이후로 인간은 하나님이 원하시고 기뻐하시는 **선**을 행할 수 없게 되었고 계속해서 하나님이 미워하시는 **죄**만 짓게 되었습니다. 인간은 그 본성이 악으로 심히 기울어져 있고 마음이 굳어져서, 거듭나게 하시는 하나님의 은혜가 없이는 결단코 자신을 개혁하거나 하나님께 내어 드릴 수 없으며 사실상 그것을 원하지도 않습니다(요 6:44).

[로마서 3:10-12] 기록된바 의인은 없나니 하나도 없으며 깨닫는 자도 없고 하나님을 찾는 자도 없고 다 치우쳐 함께 무익하게 되고 선을 행하는 자는 없나니 하나도 없도다.

노예의지 : 위와 같은 결과가 사람들에게 일어났습니다. 그래서 사람들의 의지는 항상 악한 본성에 영향을 받습니다. 다시 말해 인간의 의지는 부패한 마음에 이끌림을 받기 때문에 결코 선한 삶을 선택하지 않으며 하나님이 싫어하시는 악한 일만을 선택하게 된다는 것입니다. 따라서 인간의 의지는 사실상 속박된 의지입니다. 우리는 이것을 '노예의지' 라고 말합니다. 그렇다면 사람들에게 자유의지가 없습니까? 아닙니다. 사람들의 의지는 자유롭습니다. 누구도 인간이 악을 행하도록 강요하지 않습니다. 다만 그들의 악한 본성 안에서 스스로의 의지대로 악한 일만을 자유롭게 선택합니다. 마치 물고기가 물속에서는 자유롭지만 하늘을 날 수는 없는 것과 같습니다. 그러므로 인간이 복음을 받아들여 구원을 얻고 선한 일을 행하기 위해서는 성부의 선택과 성자의 은혜와 성령의 믿음의 역사가 반드시 요구됩니다.

1. 이순신 장군과 같은 위인들은 비록 복음을 듣지 못했어도 그의 선한 업적을 통해 구원을 받을 수 있지 않을까요?

성경은 인간의 선한 행위로는 결단코 구원의 조건을 충족시킬 수 없다고 분명하게 말씀합니다(롬 3:20). 인간에게 하나님이 남겨 주신 선한 능력이 아주 약하게 남아 있는데, 이것을 신학적인 용어로는 본성의 빛이라고 부릅니다. 그러나 이 빛은 너무나도 희미하기 때문에 하나님의 요구에 미치지 못합니다. 부패한 인간의 마음에서 발생하는 모든 행위는 비록 사람들이 보기에 좋아보일지라도 하나님의 기준에는 턱없이 부족하며 온갖 죄악으로 오염되어 있습니다. 이는 마치 맑은 생수에 소량의 진흙만 섞여도 구정물이 되어 마시지 못하는 것과 같은 이치입니다. 게다가 인간은 하나님의 은총이 없이는 그나마 남아 있는 **본성의 빛**마저 꺼뜨리는 악한 존재이기 때문에 악을 억제하시는 하나님의 은혜가 아니면 모두가 악으로 치달을 뿐입니다.

[창세기 6:5] 여호와께서 사람의 죄악이 세상에 가득함과 그의 마음으로 생각하는 모든 계획이 항상 악할 뿐임을 보시고

2. 사회적 기준으로 처벌받거나 비난받을만한 죄를 짓지 않은 사람도 죄인인가요?

성경에서 말하는 죄는 그 기준을 절대적으로 하나님께 두고 있습니다. 따라서 죄는 하나님이 미워하시는 모든 행동뿐 아니라 우리 마음의 상태까지도 포함합니다. 미움, 다툼, 시기, 질투, 모든 것들이 하나님이 싫어하시는 것들이며 죄에 속하는 것들입니다. 사람들은 흔히 인간의 행위에 따라 심판을 받는다고 생각하지만 사실 인간은 본질적으로 악한 존재이며 하나님은 악을 소멸하시는 분입니

다. 따라서 하나님의 기준에서 볼 때 죄에서 자유로운 사람은 단 한 사람도 없으며, 하나님의 율법이 인간 모두가 죄인이라는 사실을 증거하고 있습니다. 또한 우리는 하나님의 형상을 잃어버려서 마음으로부터 하나님이 싫어하는 죄를 짓게 되며, 성경은 하나님의 존재를 부정하는 사람들을 **부패했다**고 선언합니다.

[시편 14:1] 어리석은 자는 그의 마음에 이르기를 하나님이 없다 하는도다 그들은 부패하고 그 행실이 가증하니 선을 행하는 자가 없도다

3. 아담이 죄를 지었는데 모든 사람이 처벌받는 것은 부당하지 않나요? 각자가 예수님을 거부했기 때문에 심판을 받는 것 아닌가요?

어떤 사람들은 인간의 타락이 전적이지 않다고 주장합니다. 예수님의 죽으심을 통해 훼손되었던 자유의지가 회복되었고 인간에게 새롭게 기회가 주어졌으며 각자가 그 기회를 선용하여 구원을 얻어야 한다는 논리를 펼칩니다. 그들은 하나님의 심판이 아담과는 무관하며 예수님이 그분의 십자가를 통해 고작 사람들을 아담의 실패 이전으로 돌이켰을 뿐이라고 주장합니다.

만약 이러한 그들의 주장이 옳다면 아무런 행위의 잘못이 없는 유아들은 육체적 죽음을 경험하지 않아야 정상입니다. 왜냐하면 육체적 죽음 역시 아담의 타락의 결과로부터 온 것이기 때문입니다. 성경은 인간의 전적타락을 분명하게 선포하며 다윗 역시 인간의 전적타락을 인정하였습니다. 그는 출생에서부터 자신의 성품이 죄악으로 찌들어 있어 자신이 필연적으로 죄를 지을 수밖에 없는 본질적 죄인이라고 고백했습니다. 이와 같이 우리는 모든 사람이 **부패한 아담 안에서 출생하였으므로 아담의 부패성을 전가받은 상태에서 태어난다고 믿습니다.** 바울은 아담 한 사람에 의해 온 세상에 죄가 들어왔다고 선언합니다(롬 5:12). 아담으로부터 악한 본성이 모든 사람에게 전가되었으며 마땅히 온 인류가 그 죄에 대한 책임을 함께 지게 됩니다. 하나님은 아담을 모든 인류의 대표로 삼아 인류를 시험하는 언약을 체결하셨습니다. 반대로 예수 그리스도 한 사람이 택함 받은 모든 사람의 대표

가 되어 그들의 모든 죄를 속량하십니다(고전 15:22).

[시편 51:5] 내가 죄악 중에서 출생하였음이여 어머니가 죄 중에서 나를 잉태하였나이다

4. 만일 아담의 죄가 우리에게 전가되었다면 아버지의 죄에 대한 책임을 그 아들에게 묻지 않겠다는 하나님의 말씀은 어떻게 이해해야 할까요?

하나님께서는 '아버지가 포도를 먹었는데 아들이 그 이가 시리다' 라는 이스라엘의 속담을 쓰지 못하도록 하겠다고 말씀하십니다. 죄에 대한 책임을 조상들의 탓으로 돌릴 수 없다는 말씀입니다. 이러한 구절에 근거하여 원죄 교리 혹은 전가 교리를 부정하는 사람들이 있습니다. 물론 아담의 죄가 우리에게 생리적인(육체적인) 방식으로 유전되는 것은 아닙니다. 만일 그렇다면 선한 사람의 자손들은 더욱 선한 자로 태어나고 악한 사람의 후손들은 더욱 악한 자로 태어나게 될 것입니다. 인간의 죄는 이런 식으로 전가되지 않습니다. 대신 간접적으로 전가됩니다. 하나님께서는 아담을 인류의 대표로 세우셔서 모든 인류를 한꺼번에 시험하기로 정하셨습니다. 이것을 '대표성의 원리' 라고 합니다. 아담은 인류의 대표이며 아담 안에서 모든 사람들이 다 함께 공동으로 하나님의 시험을 받았습니다. 인류는 아담의 실패로 인해 다 함께 타락하였고 이후로 모든 사람들은 부패한 본성을 전가받은 상태로 출생합니다. 그러므로 인류는 자신과 상관없는 시조 아담의 죄를 생리적으로 물려받아 부당하게 처벌을 받는 것이 아니라 아담 안에서 지었던 죄로 인하여 그와 함께 처벌을 받습니다. 다시 말해 아담의 행위는 그의 행위일 뿐만 아니라 곧 우리의 행위이며 아담의 죄와 책임 역시 우리의 것입니다.

[에스겔 18:2-4] 너희가 이스라엘 땅에 관한 속담에 이르기를 아버지가 신 포도를 먹었으므로 그의 아들의 이가 시다고 함은 어찌 됨이냐 주 여호와의 말씀이니라 내가 나의 삶을 두고 맹세하노니 너희가 이스라엘 가운데에서 다시는 이 속담을 쓰지 못하게 되리라 모든 영혼이 다 내게 속한지라 아버지의 영혼이 내게 속함 같이 그의 아들의 영혼도 내게

속하였나니 범죄하는 그 영혼은 죽으리라

5. 인간 스스로 구원에 응할 능력이 전혀 없다면 복음은 왜 전해야 합니까?

어떤 사람들은 인간 스스로 복음에 반응하여 구원으로 나올 능력을 가지고 있다고 주장합니다. 그러나 인간은 구원에 있어서는 전적으로 무능하며 마치 죽은 자와 같습니다. 이런 비유로 설명할 수 있습니다. 심각한 질병에 걸려 손 하나 까딱할 수 없는 환자에게 의사가 약을 가지고 왔습니다. 그런데 문 앞에 서서 "이제 밖으로 나와 약을 가지고 가세요."라고 말할 의사가 있겠습니까? 마찬가지로 인간은 구원에 관하여는 아무 일도 할 수 없기 때문에 오직 성삼위 하나님의 은혜로만 구원을 얻습니다. 하나님께서 부패한 인간을 그분의 능력 가운데서 효과적으로 부르시며 완전하게 치유하여 다시 살게 하십니다. 그러면 우리는 왜 복음을 전하는 것입니까? 우리는 다만 의사와 약을 소개하는 역할을 받았을 뿐입니다. 하나님께서 가라고 명령하셨기에 우리는 그 일을 수행하는 것뿐이며 실제적인 구원의 사역은 오직 하나님께 달려 있습니다.

[로마서 10:14] 그런즉 그들이 믿지 아니하는 이를 어찌 부르리요 듣지도 못한 이를 어찌 믿으리요 전파하는 자가 없이 어찌 들으리요

6. 고작 과일 하나를 먹었다는 이유로 온 인류를 영원한 멸망 가운데 두시는 하나님의 심판은 가혹하지 않습니까?

우리가 하나님의 심판의 정당성을 논하려면 선악을 알게 하는 나무를 생각하기보다는 하나님과 그 말씀의 무게를 먼저 생각해야 합니다. 그래야 인류의 시조였던 아담과 하와의 행위가 얼마나 큰 잘못인지 깨달을 수 있습니다. 하나님께서는 생존에 필요한 모든 것을 공급해 주시고 그분 자신의 영광과 권위와 자유를 주서서 세상을 다스리도록 하셨습니다. 그러나 하나님은 단 한 가지 **조건적인 약**

속을 세우셨는데 '동산 중앙에 있는 선악을 알게 하는 나무는 먹지 말라' **명령하신 것입니다**(창 2:17). 그리고 명령을 위반할 시에는 '사망을 경험하게 되리라' 굳게 언약하셨습니다. 이러한 언약을 세우신 분이 누구이십니까? 그분은 지존하셔서 온 우주를 통치하시는 전능자 하나님이십니다. 마땅히 온 세계 모든 만물이 그분의 말씀에 복종합니다. 그분이 '빛이 있으라' 말씀하시면 빛이 있습니다. 그러나 아담과 하와는 스스로 하나님의 거룩한 의지를 반대하였을 뿐만 아니라 그분의 지극한 은혜의 호의를 배신으로 갚아 그분과의 언약을 깨뜨리고 말았습니다. 우리는 다니엘이 다리오 왕의 조서를 어겼다는 이유로 사자 굴에 던져진 사실을 잘 알고 있습니다. 그렇다면 하물며 만왕의 왕이신 하나님이 세우신 언약을 어길 경우에는 어떻게 되겠습니까?

[창세기 2:17] 선악을 알게 하는 나무의 열매는 먹지 말라 네가 먹는 날에는 반드시 죽으리라 하시니라

1. 최초의 사람인 아담은 사단의 유혹을 받고 자신의 의지를 오용하여 하나님께 불순종하며 반역하였고 그분과 맺은 언약을 파기하였습니다.

2. 인간은 하나님에게서 받은 모든 총명과 선하고 거룩한 성향과 능력을 전적으로 상실하였습니다. 약간의 본성의 빛이 남아 있어 상대적으로 선을 행한다 하더라도 그것은 구원에 이르기에 절대적으로 부족합니다.

3. 인간은 마음과 생각이 부패해 선을 택할 수 없고, 본성이 악으로 심히 기울어져 있어 하나님이 싫어하는 죄를 반복하여 짓습니다. 인간은 결코 스스로 구원에 이를 수 없습니다.

4. 태초의 사람인 아담이 전적으로 타락하여 그 죄를 전가받은 모든 인류가 아담 안에서 죄로 오염되었습니다. 인류는 본질상 진노의 자녀가 되었으며 자신들이 지은 죄의 결과로 하나님으로부터 단절되어 영적인 사망에 이르렀습니다.

5. 인간의 의지는 사망의 권세 아래 속박된 의지이며, 그 자신의 악한 본성 안에서만 스스로 자유합니다.

1. 인간의 타락 과정을 설명해 봅시다.

2. 인간이 전적으로 타락했다고 할 때 고려해야 할 세 가지는 무엇입니까?

3. 인간이 타락한 이후 결과를 크게 세 가지로 설명해 봅시다.

4. 인간의 노예의지에 대해 설명해 봅시다.

■■생|각|해| 보|기

1. 인간은 전적으로 타락한 존재입니다. 우리 사회의 현상 가운데 이것을 증명할만한 사실과 사건은 무엇일까요? 개인적으로 인간의 전적타락을 경험할 때나 이해하게 되는 순간은 언제입니까?

2. 인간의 전적타락 교리나 원죄 교리를 부정할 때 생겨나는 문제는 무엇입니까?

3. 전적타락 교리를 통해 깨닫게 되거나 배운 점은 무엇입니까?

Chapter 02

무조건적 선택
Unconditional Election

[에베소서 1:11] 모든 일을 그의 뜻의 결정대로 일하시는 이의 계획을 따라
우리가 예정을 입어 그 안에서 기업이 되었으니

마음열기

⦿ 아래의 글을 읽고 기독교 신앙과 일반 숙명론의 유사성이나 차이점에 대하여 논의해 봅시다.

숙명론이란 일반적으로 역사 속의 모든 사건이나 개인의 삶에서 일어나는 일이 운명으로 정해져 있다는 견해를 말한다. 각 사람의 미래 삶이 인간의 의지와 욕망에 관여할 수 없는 어떤 예정된 외부적 힘에 의해 엄격하게 결정되어 있다는 숙명론적 사고는 기독교나 이슬람교, 불교 등 전 세계의 거의 모든 종교적 사유체계 안에서 공통적으로 발견된다. 숙명론은 인간의 자유의지를 부정함으로써 도덕성의 토대를 사라지게 한다. 숙명론이 주장하는 신성한 율법에 따르면 죄의 주재자는 신이기 때문에 인간은 그의 행위에 책임을 질 필요가 없는 것이다.

숙명론 [Fatalism] (문학비평용어사전, 2006. 1. 30., 국학자료원)

➔➔ **하나님의 주권적 선택**은 종종 **숙명론**과 동일시되어 비판을 받아 왔습니다. 그러나 하나님은 그분의 은혜 안에서 우리의 의지를 전혀 침해하지 않으시며 오히려 넘치는 사랑 안에서 우리를 선택하셨습니다. 이번 과에서는 **하나님의 계획과 선택의 은혜**에 대해 배워 봅니다.

1. 무조건적 선택 교리에서 "무조건"이 의미하는 바는 무엇입니까?

취업을 할 때 회사에서 요구하는 기본적인 채용 **조건**들이 있습니다. 마찬가지로 이번 교리에서 말하는 조건이란 하나님의 백성으로 선택받기 위해 갖추어야 할 **필요조건**을 의미합니다. 다른 표현으로는 자격이라고 말할 수 있습니다. 아래의 지문과 본문(롬 3:9-24)을 찾아 읽고 하나님의 구원을 얻기 위해 갖추어야 할 합당한 **조건**에 대해 고민해 봅시다.

성경은 구원의 조건으로 '하나님의 의'를 제시합니다. 중세교회는 인간 스스로가 '하나님의 의'에 어느 정도 기여하거나 도달할 수 있다고 가르쳤습니다. 하나님과 인간이 서로 협동하여 구원을 이룬다고 믿었던 것입니다. 그러나 루터는 로마서를 읽고 묵상하면서 하나님의 의는 인간의 수준에서 획득할 수 있는 것이 아니라는 사실을 깨달았습니다. 그리고 오직 예수 그리스도만이 하나님의 의를 성취하시고 그를 믿는 자들에게만 그것을 전가해 주신다고 믿게 되었습니다. 여기서부터 종교개혁이 시작되었습니다.

인간은 전적으로 타락한 존재여서 하나님의 구원에 합당한 조건을 전혀 가질 수 없으며 오히려 악을 행함으로써 하나님의 심판을 초래합니다. 인간의 어떤 선행이나 고귀한 혈통이나 존경받을 지혜와 성품이라도 하나님의 구원을 결코 이끌어 내지 못하며 하나님께는 인간을 구원해야 할 조금의 책임도 없습니다. 그럼에도 불구하고 하나님은 아무런 조건 없이 일부의 사람들을 구원하여 주시길 기뻐하셨습니다. 이스라엘을 예를 들어 봅시다. 성경은 이스라엘과 같이 하나님의 구원을 얻은 자가 없음으로 그들이 행복한 사람이라고 선언합니다(신 33:29). 이스라엘은 어떻게 그와 같이 하나님의 사랑을 받을 수 있었을까요? 사실 그들은 다른 민족들에 비해서 특별할 것이 없었습니다. 오히려 보잘것없고 수효도 매우 작은 나라에 불과했습니다. 그러나 하나님은 이스라엘의 조건을 보시지 않고 오직 그분의 넘치는 사랑에 기초하여 주권적 은혜로 그들을 사랑하셨습니다.

[신명기 7:7] 여호와께서 너희를 기뻐하시고 너희를 택하심은 너희가 다른 민족보다 수효가 많기 때문이 아니니라 너희는 오히려 모든 민족 중에 가장 적으니라

그런데 '무조건'이라고 하면 하나님의 구원이 공정하지 못하다고 생각하기가 쉽습니다. 그래서 어떤 사람들은 '무조건적 선택 교리'가 하나님을 무질서한 분으로 만들어 버린다고 주장합니다. 그들의 논리에 따르면 하나님은 마치 횡포를 부리는 변덕쟁이 같습니다. 그러나 하나님은 절대적으로 선하시며 공의로운 분이십니다. 이번 교리에서 '무조건'이라는 용어는 **인간에게 구원을 받을만한 조건**(근거)이 전혀 없다는 의미이지, 하나님께서 아무런 근거도 없이 사람들을 구원하신다는 말씀은 아닙니다. 그렇다면 하나님께서는 무엇을 근거로 사람들을 구원하여 주시는 것일까요? 하나님께서는 자신의 사랑을 구원의 근거로 삼으셨습니다. 하나님은 사랑이신데, 그분은 자신 안에서 구원의 근거를 찾으셨습니다. 하나님께서는 구원의 조건을 갖출 수 없는 인간을 그분의 넘치는 사랑에 근거하여 구원하시길 기뻐하셨습니다.

[요한복음 3:16] 하나님이 세상을 이처럼 사랑하사 독생자를 주셨으니 이는 그를 믿는 자마다 멸망하지 않고 영생을 얻게 하려 하심이라

2. 무조건적 선택 교리에서 "선택"은 무엇을 의미합니까?

◉ 아래의 글을 읽고 노인이 징검다리를 건너갈 수 있었던 이유가 '노인' 과 '젊은이' 두 사람 중 누구의 선택 때문이었는지 생각해 보고 그 이유를 말해 봅시다.

> 어떤 젊은이가 길을 가다가 넓은 시내를 만났습니다. 젊은이는 징검다리를 건너 시내 반대편으로 가야 했습니다. 그가 다리를 건너려는 순간, 한 노인이 그에게 다가와 말했습니다. "이보게 젊은이! 나는 늙어 이 다리를 건너갈 힘이 없지만 자네는 아주 건강해 보이니 나를 등에 업고 이 다리를 좀 건너가 주게." 젊은이는 무리한 부탁을 하는 노인 때문에 잠시 당황스러웠지만 이내 그 부탁을 들어주기로 하였습니다. 젊은이가 노인을 업은 채 힘들게 다리를 건너 반대편에 도착할 즈음, 그 노인이 갑자기 큰 소리로 말했습니다. "이보게 젊은이, 내가 특별히 자네에게 좋은 일을 할 기회를 주려고 했더니 내 가방을 두고 오면 어쩌나. 어서 다시 돌아가게. 젊은 사람이 정신이 없구먼!" 젊은이는 황당한 요구를 하는 노인에게 화가 났지만 잠시 마음을 가다듬은 뒤 노인을 업고 징검다리를 되돌아갔습니다. 그리고 가방을 찾은 뒤에 다시 징검다리를 건너 노인을 무사히 시내 반대편으로 데려다 주었습니다.

선택은 자신의 의지에 따라서 어떤 일이나 대상을 골라 내는 것을 의미합니다. 그런데 구원의 선택에 있어서 상반된 두 가지 견해가 있습니다. 하나는 인간이 자신의 의지를 따라 하나님을 선택했다는 것이고, 다른 하나는 하나님이 자신의 주권으로 구원받을 인간을 선택하셨다는 것입니다. 성경은 하나님께서 먼저 인간을 선택하셨다고 확실히 증거합니다. 겉으로는 할아버지가 자신의 필요에 의해 젊은이를 선택한 것처럼 보이지만 사실상 다리를 건널 수 있는 능력을 가진 젊은이가 자신의 긍휼로 할아버지를 선택한 것입니다. 마찬가지로 구원 얻을 능력이 없는 인간을 위해 하나님이 구원을 베푸시며 그분이 스스로 구원할 자를 선택하십니다.

[요한복음 15:16] 너희가 나를 택한 것이 아니요 내가 너희를 택하여 세웠나니 이는 너희로 가서 열매를 맺게 하고 또 너희 열매가 항상 있게 하여 내 이름으로 아버지께 무엇을 구하든지 다 받게 하려 함이라

하나님은 영원 전부터 영원까지 계시며 하나님의 지혜와 의지를 따라 세상의 모든 일을 태초에 계획하시고 확정하셨습니다. 이것을 우리는 **하나님의 작정**이라고 말합니다. 사람들이 어떤 물건을 만들거나 건물을 지을 때도 미리 계획을 세우는 것이 일반적입니다. 마찬가지로 온 우주를 창조하시고 그 가운데 만물을 지으신 하나님께 아무 계획이 없다면 그것은 말이 되지 않습니다. 하나님은 그의 영광을 나타내기 위하여 그의 목적대로 모든 일을 작정하셨고 이것은 결코 변경되지 않습니다(사 46:11). 그리고 하나님께서 변하지 않는 작정 가운데서 어떤 사람들은 영원한 생명에 이르도록 **선택**하셨고, 또 어떤 이들은 영원한 사망에 이르도록 **유기**(遺棄)하셨습니다. 이것을 우리는 미리 작정하셨다는 뜻에서 **예정**이라 부릅니다.

[에베소서 1:11] 모든 일을 그의 뜻의 결정대로 일하시는 이의 계획을 따라 우리가 예정을 입어 그 안에서 기업이 되었으니

어떤 사람들은 하나님께서 인간의 행위를 구원의 조건으로 삼으신다고 주장합니다. 이러한 주장에 대하여 우리는 두 가지 사실을 기억해야 합니다. 먼저 예정

의 중심에는 예수 그리스도가 계신다는 사실입니다. 인간은 하나님의 예정을 스스로 만족시킬 수 있는 존재가 아닙니다. 인간은 처음부터 실패의 가능성 아래 있었으며 결과적으로도 타락하고 말았습니다. 하나님은 그분의 작정을 성취하시기 위하여 실패가 없는 예수 그리스도를 세우시기로 작정하셨습니다. 이것은 구원받을 자들을 선택하실 때 함께 정해진 일이며, 하나님은 오직 예수님만을 구원의 조건으로 삼으십니다. 따라서 우리에게 선택의 조건을 묻는다면 오직 예수님뿐이라고 대답해야 합니다. 아울러 예수 그리스도 안에서 선택받은 자들은 오직 그분의 은혜로 거룩해진다는 사실을 기억해야 합니다. 예정을 입은 자들은 또한 거룩을 입습니다. 선택을 받은 자들은 하나님의 은혜에 감사하며 그분을 깊이 경외하며 죄를 슬퍼하며 선한 일을 추구하며 정결하고 경건한 삶을 살아가게 되는데, 이 모든 것들은 선택의 조건이 아니라 결과입니다. 만일 우리가 거룩한 의지나 행위를 우리의 구원 조건으로 삼는다면 우리는 때때로 자신의 선택을 도무지 확신할 수 없고 마치 중세 수도사들과 같이 날마다 불안함 가운데서 구원을 위해 수련을 해야 할 것입니다. 그러나 예수 안에서 선택을 받은 자들은 예수를 믿는 믿음 안에서 자신의 선택을 확신하고 위로를 얻습니다.

[에베소서 1:4] 곧 창세 전에 그리스도 안에서 우리를 택하사 우리로 사랑 안에서 그 앞에 거룩하고 흠이 없게 하시려고

이중예정과 예지예정

하나님께서는 거룩한 작정 가운데서 사망의 권세 아래 놓인 우리를 해방시키시고 자신의 나라로 옮기시기로 예정하셨습니다. 그러나 어떤 자들에게는 그분의 은혜를 지나치시며 부패한 본성에 그대로 남겨 두시어 그 결과로 심판을 받게 하십니다. 이와 같이 예정은 확실히 이중적입니다. 그래서 우리는 이것을 이중예정이라고 부릅니다. 그러나 어떤 사람들은 이중예정이 하나님을 불공정한 분으로 만들고 나아가 인간의 책임을 소홀하게 만든다고 주장합니다. 하나님께서 그분의 뜻대

3. 무조건적 선택 교리에 대한 합당한 반응은 무엇입니까?

① 하나님의 크고 넓으신 은혜를 _____________해야 합니다.

하나님께서 구원받을만한 것이 전혀 없는 우리를 자비와 사랑으로 선택하시고 구원해 주셨습니다. 이보다 더 큰 은혜는 세상 어디에도 없습니다. 인간은 상대적으로 다른 사람보다 더 나은 인격을 가지거나 선행을 많이 하여서 구원을 받은 것이 아닙니다. 우리는 사실상 간음한 자들과 세리들과 다를 바 없습니다. 따라서 하나님의 은혜로 선택받은 자들은 하나님 앞에 겸비하며 지극히 크신 아버지 하나님을 경외하고 오직 하나님의 주권적 은혜에 감사함으로 한 분 하나님을 **찬송**해야 합니다.

[에베소서 1:12] 이는 우리가 그리스도 안에서 전부터 바라던 그의 영광의 찬송이 되게 하려 하심이라

② 우리의 연약함에도 불구하고 선택에 대한 __________을 가져야 합니다.

하나님은 오직 자신 안에서 구원의 조건을 찾으시기 때문에 우리가 볼 때에는 하나님을 기쁘시게 할만한 것이 전혀 없고 오히려 추악해 보이는 사람이라 할지라도 하나님의 선택의 가능성은 항상 열려 있습니다. 또한 이미 선택받은 자들

가운데서 선택의 열매를 풍성하게 경험하지 못하는 자들이라 할지라도 그들이 예수를 믿는 참된 믿음 안에 있다면 그들은 여전히 하나님의 선택 안에 있다는 것을 확신할 수 있어야 합니다. 그러한 자들은 계속해서 은혜의 방편들을 부지런히 사용하여 하나님이 은혜 주실 때를 기다리며, 자신의 나약함과 악한 성향에도 불구하고 하나님의 선택에 대한 **소망**을 잃지 않아야 합니다.

[마태복음 12:20] 상한 갈대를 꺾지 아니하며 꺼져가는 심지를 끄지 아니하기를 심판하여 이길 때까지 하리니

③ 하나님의 복음을 힘을 다해 ____________해야 합니다.

하나님은 그분의 뜻에 따라서 구원받을 자들을 선택하실 뿐만 아니라 스스로 선택하신 자들을 포기하지 않으시며 마침내 하나님의 자녀가 되게 하십니다. 그러므로 어떤 신분이나 성별이나 혹은 지식이나 빈부와 상관없이 모두가 선택받을 가능성이 있는 것입니다. 그러므로 우리가 보기에 정말 예수님을 믿지 않을 것같이 보이는 사람들에게도 항상 쉬지 않고 복음을 전파해야 합니다.

[사도행전 13:48] 이방인들이 듣고 기뻐하여 하나님의 말씀을 찬송하며 영생을 주시기로 작정된 자는 다 믿더라

■■ 의|문|점 |살|피|기

1. 하나님이 구원받을 자를 정하셨다면 심판의 책임이 하나님께 있지 않나요?

➜➜ 다음 글을 읽고 생각해 보세요.

산사태로 죽은 사람들은 목사님을 원망할 수 없습니다. 목사님은 산사태에 대한 책임이 없습니다. 그들은 산사태를 일으키는 원인을 제공했을 뿐만 아니라 구원받을 기회조차 스스로 거부하였습니다. 구원도 마찬가지입니다. 사람들은 심판의 원인을 제공하였으며 스스로 하나님을 거부하였습니다. 따라서 심판의 책임은 사람들에게 있습니다. 여기에 숙명론과 예정론의 결정적인 차이가 있습니다. 어떤 사람들은 예정이 있은 뒤에 타락이 있었다는 시간상의 이유를 들어 예정 교리에서 죄의 책임이 하나님께 있다고 주장합니다. 그러나 하나님은 영원 전부터 영원까지 모든 것을 아시며 모든 시간들 가운데 이미 존재하시기 때문에 죄와 사망의 기원은 오직 인간 자신에게 있습니다. 그럼에도 불구하고 하나님은 그분의 특별하신 은혜 가운데 몇몇 사람들을 구원하기로 미리 결정하신 것입니다. 하나님께서 누구를 구원할지는 오직 구원의 능력을 가지신 그분의 주권에 달려 있습니다. 심판을 받아 마땅한 죄인들은 하나님의 주권에 도전할 수 없습니다.

[로마서 9:20] 이 사람아 네가 누구이기에 감히 하나님께 반문하느냐 지음을 받은 물건이 지은 자에게 어찌 나를 이같이 만들었느냐 말하겠느냐

2. 하나님이 구원받을 자들을 선택하셨다면 우리가 전도할 필요가 있을까요?

하나님은 전도의 미련한 것으로 사람들을 구원하길 기뻐하셨다고 말합니다. 우리가 전도해야 하는 이유는 전도가 구원을 위한 하나님의 유일한 방법이기 때문입니다. 우리는 그 방법대로 경기에 임하는 운동선수와 같습니다. 하나님은 우리의 복음 전파를 통해 하나님이 선택하신 백성들이 그분께로 돌아오도록 정하셨고 이 방법에 순종하는 사람들에게 상을 주십니다.

[고린도전서 1:21] 하나님의 지혜에 있어서는 이 세상이 자기 지혜로 하나님을 알지 못함으로 하나님께서 전도의 미련한 것으로 믿는 자들을 구원하시기를 기뻐하셨도다

3. 모두가 구원받을만한 조건이 없는데 누군가만 임의로 구원을 받는다면 하나님은 불공정하지 않습니까?

하나님께서 아무런 조건 없이 구원하신다고 해서 어떤 사람이든 아무나 구원하신다는 식으로 이해하면 곤란합니다. 시편 135편을 보면 하나님은 자기를 위하여 이스라엘을 그분의 특별한 소유를 삼았다고 말씀하십니다. 하나님은 자기 자신 안에서 선택의 이유를 찾으십니다. 하나님은 지혜롭고 공의로우시기 때문에 그분의 이유는 선하고 아름답습니다. 그러나 다만 그 이유가 사람들에게 알려지지 않았고 성경은 하나님의 뜻에 달려 있다고만 말씀하고 있습니다. 우리는 하나님의 공의로운 성품을 알고 믿기 때문에 굳이 그 이유를 모른다 하더라도 하나님의 사랑과 은혜 그리고 그분의 아름다운 뜻에 따라 사람들이 구원을 얻는다고 믿습니다. 오히려 선택은 공정합니다. 하나님께서는 우리 안에서 조건을 찾지 않습니다. 따라서 죄인 중에 괴수라도 구원을 받습니다. 그러므로 우리는 지극히 높으신 하나님의 비밀한 뜻을 호기심으로 캐내려 하기보다 하나님의 뜻과 계획의 크심을 신뢰하며 그분의 선택에 대한 존중과 감사로 나아가야 합니다.

[로마서 11:33] 깊도다 하나님의 지혜와 지식의 풍성함이여 그의 판단은 헤아리지 못할 것이며 그의 길은 찾지 못할 것이로다

4. 그러나 성경은 분명히 믿으라고 명령하고 믿음의 행위를 구원의 조건으로 제시하지 않습니까?

물론 이것은 틀림없는 사실입니다. 우리는 예수를 믿는 믿음으로만 구원을 얻을 수 있습니다. 그러나 이것은 인간의 시각에서의 묘사이며 하나님께서 그의 백성들을 부르시기로 정하신 하나의 방식일 뿐이지 결코 우리의 믿음이 공로가 되어 강제적으로 하나님의 구원을 이끌어 내거나 하지는 않습니다. 우리는 믿음으로 하나님의 선택을 임의대로 이끌어 내지 못하며, 다만 믿음으로 구원을 확신할 뿐입니다. 믿음은 결코 구원의 조건이 아닙니다. 전적으로 타락한 인간은 사실상 하나님을 믿는 참된 믿음을 가질 수 없습니다. 우리의 힘으로 할 수 있는 것들은 고작 죄의 성향을 잠시 억누르는 정도입니다. 하나님께서는 구원하기로 작정한 자들에게 성령님과 함께 믿음을 제공해 주십니다. 믿음은 인간 행위의 결과가 아니라 은혜의 선물인 것입니다.

[디모데후서 1:9] 하나님이 우리를 구원하사 거룩하신 소명으로 부르심은 우리의 행위대로 하심이 아니요 오직 자기의 뜻과 영원 전부터 그리스도 예수 안에서 우리에게 주신 은혜대로 하심이라

5. 하나님께는 선택한 자를 다시 버리실 권한도 있지 않습니까?

물론 하나님께는 절대적인 주권이 있어 다시 버리실 권한도 있습니다. 그러나 하나님께 그럴만한 이유가 없다는 사실이 중요합니다. 하나님은 지극히 지혜로우시며 모든 것을 아시고 모든 능력이 있으시기 때문에 그분의 선택에는 오류나 후회가 없습니다. 따라서 그분의 선택은 결코 중단되거나 변경되거나 폐지되거

나 철회되지 않습니다. 더욱이 그분은 영원토록 신실하신 하나님이시므로 한 번 택함 받은 자들은 다시 버림 받지 않으며 그 수는 확정된 것이어서 줄어들지 않습니다. 예수님은 내게로 나아오는 자들을 결코 내쫓지 아니하리라 하셨습니다(요 6:37). 아울러 성경은 하나님께서 미리 정하신 자들을 부르시고 부르신 자들을 의롭다 하시고 의롭다 하신 그들을 영화롭게 하신다고 말씀합니다(롬 8:30). 이러한 구원의 연결고리를 생각할 때 하나님께서는 정하신 자들을 결코 버리시지 않는다는 사실을 분명히 알 수 있습니다.

[시편 33:11] 여호와의 계획은 영원히 서고 그의 생각은 대대에 이르리로다

출애굽기 7:3 "내가 바로의 마음을 완악하게 하고 내 표징과 내 이적을 애굽 땅에서 많이 행할 것이나"

바울은 바로 왕의 예를 들어 하나님이 긍휼히 여길 자를 긍휼히 여기시고 완악하게 할 자를 완악하게 한다는 하나님의 주권을 선포하였습니다. 그런데 하나님께서 바로 왕의 마음을 완악하게 하셨다는 표현에 대해서 마치 바로 자신은 원하지 아니하였지만 하나님이 그의 마음을 악하게 구부리셨다고 생각하는 사람들이 있습니다. 그러나 바로는 스스로 그 마음을 완악하게 하였으며 하나님은 단지 그것을 허용하셨을 뿐입니다. 또한 하나님은 그를 선하게 바꾸실 수 있었지만 그렇게 하지 않으셨습니다. 왜냐하면 그것이 하나님의 뜻이었기 때문입니다. 하나님은 자신의 영광을 나타내기 위하여 바로 왕을 완악함 중에 방치하셨습니다. 이 일이 하나님의 뜻 가운데 있었고 하나님의 의지의 작용이 있었기 때문에 하나님이 그를 완악하게 하셨다는 표현을 사용할 뿐이지 하나님이 그를 악하게 만드신 것은 아니었습니다.

1. 하나님께서 그분의 선하신 목적과 기쁘신 뜻 가운데서 창세전에 모든 일을 작정(계획)하셨으며 이것은 결코 변하지 않습니다.

2. 하나님께서는 구원받을 자들 역시 그분의 작정 가운데서 창세전에 예정하셨습니다. 그리고 이때 하나님은 영원한 멸망 가운데 유기할 자들도 함께 예정하셨습니다.

3. 우리 인간은 전적으로 타락한 존재여서 하나님의 구원에 있어서는 전적으로 무능하며, 구원에 이를만한 능력이나 지식이 전혀 없습니다. 결과적으로 인간에게는 하나님의 구원을 받을만한 어떤 조건도 남아 있지 않습니다.

4. 하나님께서 인간의 거룩하고 의로운 행위나 믿음을 미리 아시고 조건적으로 구원받을 자를 선택하신 것이 아닙니다. 하나님은 그분의 사랑에 기초해서 오직 예수 그리스도 안에서 구원받을 자를 스스로 선택하시며, 또한 선택하신 자들을 그분의 능력 가운데서 흠이 없이 거룩하게 만드십니다.

5. 인간이 하나님을 선택한 것이 아니라 하나님께서 우리를 먼저 선택하셨으므로 우리는 어떠한 경우에도 겸손하며 하나님께 무한히 감사하고 그분의 은혜를 찬송해야 합니다. 또한 우리의 연약함 가운데서도 하나님의 구원을 지속적으로 소망해야 합니다.

6. 우리는 도무지 구원받지 못할 불의한 자라고 할지라도 하나님께서 선택하실 수 있다는 사실을 확신하며 모든 사람에게 부지런히 복음을 전파해야 합니다.

1. 우리의 구원은 어떻게 결정되었습니까?

2. 이중예정에 대해서 설명해 보십시오.

3. 하나님께서 사람의 행위를 미리 아시고 구원할 자들을 선택하셨다는 견해를 반박해 보십시오.

4. 거룩은 선택의 열매입니까, 조건입니까? 그 이유를 설명해 봅시다.

5. 믿음은 왜 구원의 조건이 되지 못합니까?

■■ 생|각|해|보|기

1. 하나님이 인간을 선택하신 것이 아니라 인간이 하나님을 선택했다면 어떤 문제가 발생할 수 있습니까?

2. 하나님의 선택을 받았다는 믿음이 우리의 신앙과 생활에 미치는 영향은 무엇입니까?

3. 하나님의 무조건적 선택 교리를 통해 깨닫게 되거나 새롭게 배우게 된 내용은 무엇입니까?

Chapter 03

제한적 속죄
Limited Atonement

[요한복음 10:15] 아버지께서 나를 아시고 내가 아버지를 아는 것 같으니
나는 양을 위하여 목숨을 버리노라

⊙ 아래의 글을 읽고 만약 당신이 이야기 속 나라의 임금이라면 어떤 판결을 내릴 것인지 그리고 그 이유는 무엇인지 나누어 봅시다.

어떤 나라에 마음이 여리고 착한 농부 가족이 살고 있었습니다. 그런데 착한 농부에게는 매일같이 사고만 일으키고 철없는 아들이 있었습니다. 아들은 장성하여 성인이 되었는데도 여전히 문제를 일으키며 다녔습니다. 어느 날 농부의 아들은 친구와 다툰 후 화를 참지 못해 마을의 논과 밭에 불을 놓았고 농작물이 불에 타고 많은 사람이 부상을 당했습니다. 게다가 사람들은 식량을 구하지 못해 매우 난처한 상황에 직면하게 되었습니다. 그 나라의 임금은 농부의 아들을 붙잡아 오도록 지시했습니다. 그리고 감옥에 들어가 다시는 풀려나지 못하게 만들었습니다. 그러자 착한 농부는 임금에게 나아와 자신의 전 재산을 팔아 사람들에게 식량을 곱절로 나누어 주고 그것도 모자라면 평생 동안 손해를 배상하겠으니 자신의 아들을 한 번만 용서해 달라고 간청했습니다.

➡➤ 만일 착한 농부가 못난 아들의 죄를 대신하여 그 죄의 값을 충분히 지불했다고 임금이 판단한다면, 또한 그 임금에게 자비로움이 있다면, 그는 아버지의 사랑에 감동하여 그 아들을 용서해 주었을 것입니다. 이번 과에서는 위의 지문 속의 이야기와 같이 용서받을 수 없는 죄인이 받게 되는 대속의 은혜에 대하여 배워 보겠습니다.

1. 제한적 속죄 교리에서 "속죄"가 의미하는 바는 무엇입니까?

하나님의 '공의'라는 관점에서 볼 때 죄를 지으면 그에 상응하는 벌을 받거나 **대가**를 필히 지불해야 합니다. 이는 너무나 당연한 이야기입니다. 만일 당신이 친구에게 3천원을 빌렸다면 얼마를 갚아야 합니까? 정답은 3천원입니다. 그래야 공정합니다. 재판관이 죄를 지은 사람에 대하여 그 죄의 책임을 묻지도 않고 용서해 준다면 그는 정의로운 재판관이 아닙니다. 하나님은 공의로운 분이시기 때문에 죄에 대한 책임(대가)을 반드시 물으시며, 하나님께 불순종한 죄의 대가는 몸과 영혼에 대한 영원한 죽음(사망)입니다. 아담으로부터 태어난 세상의 모든 사람들이 영원한 죽음의 형벌 아래 놓여 있습니다.

[로마서 6:23] 죄의 삯은 사망이요 하나님의 은사는 그리스도 예수 우리 주 안에 있는 영생이니라

그래서 하나님은 구약 백성들에게 **죄를 지은 사람을 대신하여 제물을 드리고 그 제물의 피를 흘리게 함으로써 용서를 받는 속죄의 제사를** 허락하셨습니다(레 1-6장). 이 제사의 특징은 죄의 대가로 반드시 피를 흘려야 한다는 것이었는데 이는 피 속에 생명이 담겨 있기 때문입니다. 인간은 자신이 기르던 가축의 피(생명)를 자기를 대신하여 흘리게 함으로써 비록 임시적이었지만 하나님의 속죄의 은혜를 누릴 수 있었습니다. 그러나 가축으로 드리는 속죄의 제사는 모든 인간의 죄를 완전히 그리고 영원토록 용서받게 하기에 **충분하지 못했습니다.**

[히브리서 9:22] 율법을 따라 거의 모든 물건이 피로써 정결하게 되나니 피흘림이 없은 즉 사함이 없느니라

하나님은 자기 백성을 영원하고도 완전하게 구원하기 원하셨습니다. 이를 위해서 그들의 모든 죄를 능히 씻고도 남을 만큼 가치 있는 완전한 속죄의 제물이 필요했습니다. 하나님께서는 독생자 아들 예수 그리스도를 세상을 위하여 내어 주사 속죄의 제물로 삼았습니다. 어떤 사람들은 예수님의 죽음이 인간 구원의 가능성만을 열었다고 주장합니다. 그러나 주님은 그렇게 미흡하거나 불완전하지 않습니다. 예수님의 **생명은 세상 모든 사람의 모든 죄악을 용서하고도 남을 만큼 위대하고 귀합니다.** 왜냐하면 그분은 거룩하고 흠이 없으시며 본질적으로 영원한 하나님이시기 때문입니다. 마침내 예수 그리스도는 자기를 복종시켜 십자가 위에서 하나님의 저주를 겪는 형벌을 받으심으로 모든 인간의 죄를 대속하셨습니다. 이 사실을 믿는 자마다 그의 모든 죄와 형벌은 그리스도에게로 전가되고 대신 그리스도가 이룬 의가 그들에게 옮겨져 의롭다 여김을 받습니다.

[요한일서 4:10] 사랑은 여기 있으니 우리가 하나님을 사랑한 것이 아니요 하나님이 우리를 사랑하사 우리 죄를 속하기 위하여 화목 제물로 그 아들을 보내셨음이라

2. 제한적 속죄 교리에서 "제한적"의 의미는 무엇입니까?

예수님은 완전한 속죄의 제물로 하나님께 드려졌습니다. 하나님과 우리 사이를 화해시키는 화목 제물이 되셨습니다. 그런데 이 속죄 제물의 효력을 얻는 사람들은 하나님께서 구원을 주시기로 선택하신 사람들로 **제한(특정)**되어 있습니다. 예수 그리스도의 사역은 하나님의 작정 가운데서 구원받을 자들과 함께 예정되었습니다. 따라서 예수님은 하나님 아버지의 작정 안에서 그분에게 주시기로 선택된 사람들을 위해 세상에 오셨고 특정하게 **제한된** 일부의 사람들을 위해서만 십자가를 지신 것입니다(마 1:21). 그분의 사역과 은혜에는 결코 낭비가 없습니다.

[요한복음 17:6] 세상 중에서 내게 주신 사람들에게 내가 아버지의 이름을 나타내었나이다 그들은 아버지의 것이었는데 내게 주셨으며 그들은 아버지의 말씀을 지키었나이다

예수님은 공생애 기간 동안 자신의 사역이 제한적이라는 사실을 분명하게 언급하셨습니다. 그분은 자신의 양을 알고 있으며 또한 그 양을 위하여 목숨을 버린다고 말씀하셨습니다. 이것은 **자신께 속한 양들**을 위하여 생명을 주신다는 말씀입니다. 여기서 양들은 예정된 하나님의 백성을 의미합니다. 예수님은 그의 백성과 연합을 이루시고 그들의 대표로서 십자가를 지셨습니다. 바울은 그런 의미에서 자신이 그리스도와 함께 십자가에 못 박혔다고 말합니다(갈 2:20). 만일 예수님이 모든 사람을 위하여 죽으셨다면 불신자들도 예수님과 함께 십자가에 못 박혔다는 뜻이 됩니다. 이것은 있을 수 없는 일입니다. 예수님은 하나님의 영원하고 기쁘신 뜻에 따라 예정된 하나님의 백성을 위하여 이 땅에 오셨으며 그들과 연합을 이루시고 그들을 대신(대표)하여 자신의 목숨을 내어 주셨습니다(마 26:28).

[요한복음 10:14-15] 나는 선한 목자라 나는 내 양을 알고 양도 나를 아는 것이 아버지께서 나를 아시고 내가 아버지를 아는 것 같으니 나는 양을 위하여 목숨을 버리노라

물론 예수님은 누구든지 내게로 오라고 말씀하십니다. 그러나 여기서 누구든지는 모든 사람을 의미하는 말씀이 아닙니다. 하나님께서 자신에게 주신 백성이라면 어떤 성별이든지 어떤 신분이든지 어떤 형편이든지 개의치 말고 누구나 주님께로 나오라는 말씀입니다. 특별히 주님은 매우 심각한 죄악에 빠져 있는 사람이라도 하나님의 선택받은 사람이라면 기꺼이 그를 위하여 자신의 생명을 내어 주십니다.

[디모데전서 1:15] 미쁘다 모든 사람이 받을 만한 이 말이여 그리스도 예수께서 죄인을 구원하시려고 세상에 임하셨다 하였도다 죄인 중에 내가 괴수니라

3. 제한적이지 않을 때 생겨나는 **문제**는 무엇입니까?

　① 자격이 없는 죄인이 _________에 간섭하게 됩니다.

　마음열기에 나온 이야기에서 죄의 대가를 대신 지불한 사람은 농부이며, 그 농부에게서 대가를 받고 용서해 주는 사람은 심판의 권한을 가진 임금이었습니다. 죄를 지은 아들은 **속죄**에 관여할 아무런 자격이 없습니다. 아들은 다만 아버지 농부의 사랑과 임금의 자비로운 판결에 따라서 용서를 받을 뿐입니다. 만일 예수님이 누군가의 죄를 위하여 대신 죽으셨고 하나님이 그것을 대속으로 받으셨다면 죄인의 의사와는 상관없이 용서를 받게 됩니다. 나의 죄를 위해 철저히 피 흘리신 그리스도를 성령께서 보게 하실 때 어떻게 그것을 감히 거부하겠다는 말을 할 수 있겠습니까! 죄인은 말이 없습니다. 다만 겸손히 자신의 죄를 회개하며 나아갈 뿐입니다.

　② 예수님의 죽으심이 헛되며 하나님의 _________가 깨어집니다.

　예수님께서 세상 모든 사람을 위하여 죽으셨다고 한다면 두 가지 측면에서 매우 심각한 문제가 발생합니다. 하나는 예수님의 죽음이 어떤 사람에게는 성공적이지만 어떤 사람에게는 별다른 의미를 남기지 못합니다. 예수님은 자신의 생명을 내어 주심으로 사람들에게 생명을 주려고 오셨는데 그 목표를 전혀 달성하지 못하고 헛되이 죽임을 당하신 것입니다. 뿐만 아니라 하나님은 유일한 독생자 아들 예수 그리스도를 희생시키고도 어떤 사람들은 전혀 구원하지 못했습니다. 성경은 하나님이 세상을 사랑하사 독생자 예수를 보내셨다고 말합니다. 그분은 고작 사람들이 거부하면 어쩔 도리가 없는 속죄를 위하여 하나님의 본체시며 지극히 사랑하는 아들 예수를 보내신 것이 아닙니다. 더욱이 만약 하나님께서 예수님을 속죄의 제물로 받으시고도 여전히 구원의 책임을 인간에게 물으신다면 하나님은 **공의롭**지 못한 하나님이 될 것입니다.

③ 그리스도의 죽으심이 __________해집니다.

　어떤 사람들은 그리스도의 죽으심이 구원의 조건을 완전히 충족시키지 못했으며 구원을 이루기 위한 하나의 전제 조건일 뿐이라고 주장합니다. 이는 그리스도의 죽으심의 은혜를 너무나도 **저급**하게 취급하는 것입니다. 성경은 예수님께서 그의 백성을 위하여 죽으셨다고 말합니다. 여기서 위하여라는 말은 단지 사람들에게 기회를 주시기 위하여가 아니라 그들을 살리기 위하여라는 뜻입니다(요 3:16). 예수님의 속죄는 단지 구원을 받기에 유리한 위치를 확보한 정도의 수준이 아니며 그것은 우리의 죄를 씻기에 완전합니다. 이사야 6장의 소명 기사를 보면 이사야는 조금 전까지 화를 당하여 죽게 되었다고 깊이 신음합니다. 그러나 천사가 날아와 제단에 핀 숯을 대었을 때 그는 즉시로 죄 사함을 받았습니다. 이사야는 속죄를 거부할 기회조차 얻지 못했습니다. 오직 그 은혜에 감사하며 충성을 다짐할 뿐입니다.

■■ 의|문|점| 살|피|기

1. 성경에서 모든 사람이 구원받는 것처럼 표현한 구절들은 어떻게 이해하나요?

　성경은 한 구절만 문맥과 분리해서 이해하면 오류에 빠집니다. 반드시 전후 문맥을 잘 읽고 이 구절이 무엇을 의미하는지를 살펴야 합니다. 아래 제시한 구절만 보면 예수님께서 모든 사람을 위해 죽으신 것처럼 보입니다. 그러나 본문의 문맥을 살펴보면 바울이 높은 지위에 있는 사람들을 위해서 기도할 것을 요구하고 있다는 사실을 알 수 있습니다. 당시에는 신분이 높은 사람들을 불의하고 악한 존재로 여겼기 때문에 사람들은 그들이 구원을 얻지 못할 것이라고 생각했습니다. 이런 생각에 대해서 이 구절은 어떤 신분과 지위를 막론하고 하나님은 차별이 없이 모든 사람이 구원받기를 원하신다고 대답하고 있는 것입니다. 그 외

다른 구절들도 문맥을 살펴보면 **모든**이라는 말이 하나님이 선택하신 사람들로 제한된다는 사실을 확인할 수 있습니다. 비단 본문의 해석에 의존하지 않더라도 예수님의 구속이 제한적이라는 성경의 증거가 훨씬 더 강력하고 분명합니다.

[디모데전서 2:6] 그가 모든 사람을 위하여 자기를 대속물로 주셨으니 기약이 이르러 주신 증거니라

2. 예수님께서 속죄하신 사람들이 정해져 있는데 예수님은 왜 모든 사람에게 복음을 전하라 하셨나요? 그리고 하나님이 복음을 들은 자에게 믿음을 요구하시는 이유는 무엇인가요?

예수님은 광야의 '놋뱀'과 같이 높이 들리셨습니다. 당시 이스라엘 백성은 놋뱀을 쳐다보기만 해도 생명을 보존할 수 있었습니다. 이와 같은 원리입니다. 하나님은 이스라엘이 살기를 원하셨습니다. 놋뱀은 보편적인 모든 사람에게 주어진 하나님의 자비의 표시였습니다. 하나님은 악인과 선인에게 두루 빛을 비추어 주시는 자비의 하나님이십니다. 그러나 어떤 사람들은 그 빛을 받고도 그것을 거부하며 외면하였지만, 일부의 사람들은 하나님의 말씀을 믿고 놋뱀을 바라봄으로써 구원을 얻었습니다. 여기서 중요한 것은 사람들의 믿음은 구원의 효력에 있어 아무런 영향을 미치지 못한다는 사실입니다. 오직 하나님의 은혜이며 예수님의 공로뿐입니다. 인간의 믿음이 거기에 무엇을 더하는 것이 아닙니다. 믿음은 다만 하나님이 자기 백성을 부르시고 은혜를 주시는 방식일 뿐입니다. 이것은 하나님과 우리 사이를 연결하는 다리와 같습니다. 믿음은 **그리스도와 우리를 연합하여 한 몸 되게 하는 매개**의 역할을 하며, 우리는 믿음을 선물로 받아 하나님의 백성임을 확정하게 되며, 그 믿음을 통하여 하나님께 즐거이 나아가 그분의 말씀에 순종하게 됩니다.

[로마서 5:2] 또한 그로 말미암아 우리가 믿음으로 서 있는 이 은혜에 들어감을 얻었으며 하나님의 영광을 바라고 즐거워 하느니라

3. 예수님의 속죄는 세상 모든 사람을 구원하기에 부족한 것이었나요?

그렇지 않습니다. 예수님의 속죄의 효력은 세상 모든 사람의 죄를 씻고도 남을 만큼 위대한 능력과 가치가 있습니다. 예수님의 속죄 안에 있는 자들은 누구든지 아무런 값을 지불하지 않고 구원을 얻습니다. 그럼에도 불구하고 하나님은 자신의 높고 크신 뜻 안에서 속죄의 효력을 받게 될 사람들을 스스로 선택하시고 제한하신 것입니다. 그분은 구원을 아무에게도 빚지지 않으셨고 자기가 구원하길 원하는 자들을 구원하십니다(롬 9:15). 뿐만 아니라 만일 어떤 사람들이 복음을 받아들이지 않는다면 이 은혜의 효력이 충분하지 않아서가 아니라 전적으로 스스로 그 악에서 돌이키기를 싫어하기 때문입니다.

[로마서 3:24] 그리스도 예수 안에 있는 속량으로 말미암아 하나님의 은혜로 값없이 의롭다 하심을 얻은 자 되었느니라

4. 예수님께서 우리의 모든 죄를 대속해 주셨다면 이제 우리는 회개할 필요가 없나요?

예수님의 속죄는 영원 속에서 단번에 이루어진 것이므로 효력적인 측면에서 보자면 용서의 은혜는 이미 완전합니다. 그러나 이 은혜의 효력이 우리에게 실제가 되기 위해서는 그것을 믿음으로 받아들여 우리 자신의 것으로 삼아야 합니다. 따라서 복음 설교는 반드시 회개의 요청을 수반하며, 참으로 회심한 자들만이 중생(거듭남)에 이릅니다. 아울러 중생한 이후라 할지라도 이 땅에 사는 동안 우리에게는 여전히 죄의 찌꺼기가 남아 있으며 때때로 죄 가운데 넘어집니다. 그러므로 그 죄에 대한 완전한 처리의 결과(대속의 은혜)가 실세적으로 우리에게서 경

험되며 또 확인되기 위한 방식으로 하나님은 우리 속에 회개하는 마음을 두셨습니다. 쉽게 말하면 예수님의 속죄가 우리의 것이 되게 하며 그 은혜를 지속적으로 누리도록 하기 위하여 주님은 회개를 요구하십니다.

[요한일서 1:8–9] 만일 우리가 죄가 없다고 말하면 스스로 속이고 또 진리가 우리 속에 있지 아니할 것이요 만일 우리가 우리 죄를 자백하면 그는 미쁘시고 의로우사 우리 죄를 사하시며 우리를 모든 불의에서 깨끗하게 하실 것이요

5. 죄 없으신 예수님이 어떻게 죄 있는 자들을 대신하여 처벌받으실 수가 있나요? 하나님은 죄 없는 자를 처벌하시는 하나님이신가요?

예수님은 물론 아무런 죄가 없습니다. 그러나 그분이 십자가에 달리실 때에는 죄가 없지 않았다는 사실을 알아야 합니다. 어떤 분들에게는 해괴망측한 소리로 들릴지도 모릅니다. 그러나 분명한 사실입니다. 예수님은 죄의 책임을 지시고 십자가에 달리셨습니다. 하나님은 죄 없는 자를 처벌하시는 불의한 재판관이 아닙니다. 그분은 공평정대하십니다. 따라서 예수님은 죄로 인하여 처벌받으신 것이지 죄 없이 부당하게 처벌받으신 것이 아닙니다. 이러한 속죄의 원리를 이해하려면 예수님께서 세례 받으시는 장면에서부터 출발해야 합니다. 예수님은 사실 세례가 필요하지 않으신 분이십니다. 그런데 왜 자청하여 요한의 세례를 받으셨을까요? 이것은 하나님께서 예수님을 땅에 보내신 목적에 부합하는 행위였습니다. 예수님은 온 인류를 대표한 두 번째 아담으로서 세례를 받으신 것입니다. 다시 말하면 자기 백성과 연대를 먼저 이루신 것입니다. 그리고 연대를 이룬 자기의 백성을 위하여 대신 죄의 책임을 지셨습니다. 그러니까 예수님은 십자가에서 죄 없이 부당하게 처벌받으신 것이 아니라 자기 백성의 죄로 인하여 합당하게 처벌을 받으신 것입니다. 선인이나 영웅들이 백성의 죄를 대신하여 처벌받은 일들은 영화에서도 종종 등장하는 장면입니다. 물론 그런 경우 대부분 백성의 대표도 함께 죄를 지었겠지만, 아무튼 대표가 모든 죄의 책임을 진다는 측면에서 유사한

면이 있습니다. 예수님께서는 이미 자기의 양들을 아셨고 그 양들을 위하여 자기 목숨을 대속물로 주시려고 이 땅에 오셨습니다(마 20:28). 그리고 그 양들의 대표로서 하나님 앞에 서셨으며 모든 저주와 형벌을 대신 받으셨습니다.

6. 예수님께서 특정한 사람들만을 위해 죽으셨다면 그 외의 사람들은 예수님을 갈망해도 소용이 없는 건가요?

이렇게 불평하는 사람들은 사실 예수님께 나아오려는 갈망이 없는 자들입니다. 어떤 사람들은 예수님께서 십자가를 통해서 그분을 믿을 수 있는 기회나 자유로운 의지 정도만을 주셨다고 주장합니다. 그러나 우리는 예수님께서 매우 적극적으로 우리를 구원하길 원하신다는 사실을 기억해야 합니다. 만약 어떤 사람이 기회가 있거나 그분께로 나아오려는 선한 의지를 가지고 있다면 예수님은 그 사람을 결코 포기하지 않습니다. 예수님께서 그들을 위해 죽으셨다는 말은 예수님께 나아오려는 의지를 주실 뿐만 아니라 구원을 주셨다는 말씀입니다. 구원을 얻으려는 갈망만 있고 구원이 없는 경우는 결코 없습니다.

[요한복음 6:37] 아버지께서 내게 주시는 자는 다 내게로 올 것이요 내게 오는 자는 내가 결코 내쫓지 아니하리라

1. 하나님의 공의는 죄를 간과하지 않으시며 반드시 그 죄의 대가로 생명(피)을 요구하십니다.

2. 하나님께서는 인간의 모든 죄를 영원히 완전하게 속량할 속죄의 피를 요구하셨는데, 인간 스스로는 이 조건을 충족할 수 없기 때문에 하나님이 세상을 사랑하사 독생자 예수 그리스도를 속죄의 제물로 내어 주셨습니다.

3. 그리스도께서 인간을 대신하여 친히 자신의 몸과 영혼을 단번에 하나님께 드리셔서 영원하고 완전한 속죄의 제물이 되셨습니다. 그리고 십자가 위에서 형벌을 받으심으로 인간의 모든 죄를 속량하셨습니다. 이것을 믿는 자들의 모든 죄는 예수님께 전가되며 대신 예수님의 의가 인간에게 전가됩니다.

4. 예수님의 속죄 사역은 세상 모든 사람을 위한 것이 아니고 하나님께서 선택하신 자들로 제한됩니다. 그러나 이것은 그리스도의 속죄의 효력이 충분치 않아서가 아니라 하나님 스스로 그분의 경륜을 따라 제한하신 것입니다.

5. 예수 그리스도의 십자가를 통한 속죄의 사역은 하나님의 작정 안에서 함께 작정되었으며 예정의 은혜를 입은 자들을 위하여 아무런 낭비 없이 예비되었고 또한 성취되었습니다.

■■ 돌|아|보|기

1. 하나님에 반역하는 죄를 짓고도 그 형벌을 면할 수 있습니까? 그 이유는 무엇입니까?

2. 예수님의 속죄의 효력으로도 용서받지 못할 죄가 있습니까? 그 이유는 무엇입니까?

3. 예수님의 속죄는 누구를 위한 것입니까?

4. 예수님의 속죄가 제한적일 수밖에 없는 핵심적인 이유는 무엇입니까?

5. 예수님의 속죄는 세상 모든 사람을 구원하기에 부족합니까?

■■ 생|각|해|보|기

1. 예수님께서 흘리신 속죄의 보혈이 나의 모든 죄를 씻기에 충분하다는 사실이 우리에게 어떤 위로를 줍니까?

2. 예수님의 속죄의 은혜를 제한된 사람들만 받게 된다는 사실과 그 숫자에 우리가 포함되었다는 사실을 통해 당신은 무엇을 깨닫고 느끼게 되었습니까?

Chapter 04

불가항력적 은혜
Irresistible Grace

[에베소서 1:19] 그의 힘의 위력으로 역사하심을 따라
믿는 우리에게 베푸신 능력의 지극히 크심이
어떠한 것을 너희로 알게 하시기를 구하노라

마음열기

⊙ 아래의 지문을 읽고 다음 물음에 답해 봅시다. 할아버지는 본인의 의지와 상관없이 마침내 이사를 가게 되었지만 마을 사람들에게 어떤 마음을 가지게 되었나요?

어떤 마을에 할아버지 한 분이 산사태 위험이 있는 비탈진 곳에 집을 짓고 살았습니다. 사람들은 할아버지에게 곧 산사태가 날지도 모르니 이사를 가도록 권유했지만, 할아버지는 다른 곳으로 이사를 가지 않겠다며 요상한 고집을 부렸습니다. 왜냐하면 할아버지가 나쁜 마법사의 최면에 걸려 있었기 때문입니다. 이 사실을 알게 된 마을 사람들은 회의를 열었고 위험에 처한 할아버지를 구출하기로 계획을 세웠습니다. 그래서 사람들은 할아버지가 머물 수 있는 새 집을 짓기 위한 비용을 모았습니다. 또 어떤 사람들은 할아버지를 설득하기로 했으며 나머지 사람들은 할아버지의 집안일을 도왔습니다. 할아버지는 점점 마음이 변하기 시작했습니다. 그리고 마침내 마을 사람들은 마법사의 최면을 풀 수 있는 약을 구해 할아버지에게 먹도록 했고, 마법이 풀리자 마을 사람들의 정성과 사랑에 너무나도 깊은 감동을 받은 할아버지는 마침내 이사를 하게 되었습니다.

➡➡ 이 이야기는 우리에게 주신 구원의 은혜와 유사한 면이 있는데, 이번 과에서는 **하나님이 베풀어 주신 구원이 우리 자신에게 어떻게 적용되는지**를 함께 고민하며 배워 봅시다.

1. 불가항력적 은혜 교리에서 "은혜"는 무엇을 의미합니까?

➤➤ 다음 찬송의 가사를 읽고 작사자가 말하는 핵심이 무엇인지 생각해 보고 그 이유를 서로 말해 봅시다.

> 나 같은 죄인 살리신 주 은혜 놀라워 잃었던 생명 찾았고 광명을 얻었네. 큰 죄악에서 건지신 주 은혜 고마워 나 처음 믿은 그 시간 귀하고 귀하다. 이제껏 내가 산 것도 주님의 은혜라 또 나를 장차 본향에 인도해 주시리. 거기서 우리 영원히 주님의 은혜로 해처럼 밝게 살면서 주 찬양하리라.

은혜란 **고맙게 베풀어 주는 혜택**이라는 의미인데 우리는 전적타락 교리를 통해 인간에게는 구원을 얻을만한 아무런 조건이 없다는 사실을 확인한 바 있습니다. 그러나 하나님께서는 그의 지극히 크신 사랑으로 타락한 인간 중 일부를 구원하기로 작정하시고 그의 아들 예수 그리스도를 통해 죄의 값을 대신 지불해 주셨습니다. 그리고 값없는 복음의 은혜로 초청하시고 성령을 통해 그것을 믿음으로 받아들이게 하셔서 우리를 영원한 하나님의 나라로 옮겨 주셨습니다. 그래서 우리는 우리 자신의 구원이 오직 **하나님의 은혜**라고 고백할 수밖에 없습니다.

[에베소서 2:8] 너희는 그 은혜에 의하여 믿음으로 말미암아 구원을 받았으니 이것은 너희에게서 난 것이 아니요 하나님의 선물이라

어떤 사람들은 하나님의 은혜를 반쪽짜리로 만들어 버립니다. 그들은 구원에 있어 어떻게든 인간의 지위를 확보하길 원합니다. 이것은 자연인의 본성이 교만하기 때문입니다. 그러나 구원의 과정과 방식에 있어서 하나님은 결코 인간의 의

지에 제약을 받으시거나 인간의 능력과 협력하지 않으십니다. 하나님께서는 처음부터 모든 것을 자신의 능력으로 역사하시며, 구원받을 자들을 정하시고 또한 부르시며, 부르신 사람들을 또한 영화롭게 하십니다. 따라서 **하나님의 은혜는 전적이며 완전한 은혜**입니다. 아무도 하나님 앞에서 자신의 공로를 내세울 수 없습니다.

[고린도전서 4:7] 누가 너를 남달리 구별하였느냐 네게 있는 것 중에 받지 아니한 것이 무엇이냐 네가 받았은즉 어찌하여 받지 아니한 것 같이 자랑하느냐

2. 불가항력적 은혜 교리에서 **"불가항력"**의 의미는 무엇입니까?

옆 사람과 손가락을 걸고 서로 자기 쪽으로 당겨 봅시다. 결과는 어떻게 되었습니까? 그 이유는 무엇입니까?

① 항력

처음에는 힘의 균형이 이루어졌지만 곧바로 어느 한쪽은 당기고 상대방은 끌려가지 않으려고 힘을 쓰게 되는데, 이것을 **저항하는 힘**이라고 해서 **항력**(抗力)이라고 합니다. 이 교리에서 **항력**이라는 말은 하나님께 돌아가지 않으려 저항하는 인간의 부패성을 의미합니다. 인간은 결코 하나님께로 돌아가길 원하지 않습니다. 구약성경은 하나님을 거부하고 떠나려는 사람들과 그들을 자신의 품으로 모으시려는 하나님의 이야기로 요약할 수 있습니다. 모든 인류는 하나님을 싫어하고 거부합니다. 이미 구원을 얻은 우리도 예외는 아닙니다. 모두 인류가 동일

하게 하나님을 싫어하며 자원하여 구원을 받는 사람은 아무도 없습니다.

[사도행전 7:51] 목이 곧고 마음과 귀에 할례를 받지 못한 사람들아 너희도 너희 조상과 같이 항상 성령을 거스르는도다

② 불가

사람들의 항력에도 불구하고 하나님께서는 어떤 이들에게 그분의 은혜를 효력 있게 적용하여 주십니다. 성령께서 마음 깊은 곳에 침투하셔서 굳은 마음을 부드 럽게 하시고 믿음을 주시고 변화시켜 마침내 하나님의 구원으로 이끌어 주시는 것입니다. 이때 그들은 그 은혜에 결코 저항이 **불가**(不可)합니다. 왜냐하면 **인간 의 저항하는 힘보다 하나님의 은혜가 훨씬 크고 위대하기 때문입니다.** 하나님은 인간의 저항을 그분의 능력으로 깨뜨리십니다. 그러므로 중생(거듭남)은 사람들 의 자유의지에 의해 선택하거나 저항할 수 있는 것이 아니라 온전히 하나님의 은 혜에 의해 주어지며, 우리는 **다만 하나님이 모든 것을 하셨다**고 고백합니다.

사람(전적타락)	저항 〈 은혜 구원	하나님(무조건적 선택)

[요한복음 6:44] 나를 보내신 아버지께서 이끌지 아니하시면 아무도 내게 올 수 없으니 오는 그를 내가 마지막 날에 다시 살리리라

3. 하나님께서는 어떻게 거부할 수 없는 은혜의 구원을 주십니까?

① ___________ 하나님

무조건적 선택 교리에 의하면, **성부 하나님**은 크고 넓으신 사랑으로 하나님을 거역하고 떠나간 죄인들 중 일부를 찾아 구원하기로 작정하셨으며 그의 아들과 성령을 세상에 보내셨습니다. 또한 하나님은 복음 사역자들이 진파하는 은혜의

복음을 통하여 믿는 자들을 구원하기를 기뻐하셨으며 모든 구원의 역사를 계획하셨습니다.

[요한일서 4:10] 사랑은 여기 있으니 우리가 하나님을 사랑한 것이 아니요 하나님이 우리를 사랑하사 우리 죄를 속하기 위하여 화목 제물로 그 아들을 보내셨음이라

② ___________하나님

제한적 속죄 교리에 의하면, **성자 하나님**은 하나님이 구원하기로 정하신 모든 사람의 모든 죄를 대신하여 십자가 위에서 형벌을 받아 보혈을 흘리셨으며 자기 백성을 구속하시고 그의 나라로 옮겨 주셨습니다. 그분은 모든 참된 성도들의 영원하고 완전한 속죄의 제물이시며 구원자이시고 복음의 내용이십니다.

[데살로니가전서 5:10] 예수께서 우리를 위하여 죽으사 우리로 하여금 깨어 있든지 자든지 자기와 함께 살게 하려 하셨느니라

③ ___________하나님

불가항력적 은혜 교리에서는 **성령 하나님**의 역할을 이해하는 것이 중요합니다. 하나님은 구원하기로 정하신 자들의 **굳은 마음을 부드러운 마음으로 바꾸어 주실 것**이라고 말씀하셨습니다(겔 36:26). 성령 하나님께서는 복음이 신자들의 마음에 효과적으로 적용되도록 하십니다. 자신의 죄를 회개하게 하시고 예수 그리스도를 구주로 믿게 하십니다. 또한 하나님을 아는 참된 지식을 제공해 주십니다(엡 1:17). 성령께서는 하나님이 정하신 자들에게 그 은혜의 방편들을 사용하셔서 그들의 전 인격을 변화시키시고 마침내 실패가 없이 반드시 믿음으로 중생을 얻게 하십니다.

[로마서 5:5] 우리에게 주신 성령으로 말미암아 하나님의 사랑이 우리에게 부은 바 됨이니

성삼위 하나님께서 함께 위력으로 역사하심으로 인간을 흑암의 권세에서 건져 내사 그의 사랑하는 아들의 나라로 옮기셨습니다. **이는 그들을 어두운 데서 불러 내어 그의 기이한 빛에 들어가게 하신 이의 아름다운 덕을 선포하게 하려 하심이**며 인간이 스스로를 자랑하지 않고 오직 **주 안에서 자랑하게 하시기 위함**입니다 (고전 1:31). 누구도 교만하거나 자랑할 수 없습니다. 성경은 구원에 있어 인간의 자리를 확보하려는 시도들을 철저히 배격합니다.

[베드로전서 2:9] 너희는 택하신 족속이요 왕 같은 제사장들이요 거룩한 나라요 그의 소유가 된 백성이니 이는 너희를 어두운 데서 불러 내어 그의 기이한 빛에 들어가게 하신 이의 아름다운 덕을 선포하게 하려 하심이라

■ 의|문|점 |살|피|기

1. 인간이 스스로 구원을 거부할 수 없다면 하나님이 인간의 자유를 침해한 것 아닌가요?

하나님께서 인간의 동의를 얻지 않고 사람들을 구원하기로 작정하시고 그들의 거부에도 불구하고 사람들을 구원하셨다 할지라도 그것이 인간의 자유를 침해하거나 속박한 것은 아닙니다. 귀신 들린 사람의 예를 들어 봅시다. 귀신 들린 자는 자신의 의지로 살지 않고 귀신의 권세에 속박되어 살아갑니다. 그들의 본성이 희미하나마 그 권세로부터 해방을 소원하고 있었고 예수님은 그들을 해방하셨습니다. 이처럼 우리가 **죄의 권세 아래 속박되어 죽어 있었다**는 사실이 중요합니다. 하나님은 침해하신 것이 아니고 **영원한 사망으로부터 사람들을 살리셨을 뿐 아니라** 그의 형상을 회복하게 하셔서 **참되고 영적인 의지의 자유를 새롭게 창조하**

셨습니다.

[에베소서 2:1] 그는 허물과 죄로 죽었던 너희를 살리셨도다

2. 사람들은 분명히 스스로 믿음을 선택할 수 있는데, 우리의 믿음이나 그 믿음의 따른 선한 열매들은 구원에 있어 인간의 공로로 볼 수 있지 않나요?

인간이 믿음을 선택한 것처럼 보이지만 사실은 하나님께서 그분의 성령을 통해 믿도록 만들어 주시는 것입니다. 성령께서는 사람의 가장 깊은 속까지 침투하여 닫힌 마음을 여시고 굳은 마음을 부드럽게 하시며 믿음을 갖게 하십니다. 또한 새로운 자질을 인간의 의지에 주입하셔서 죽어 있던 하나님의 형상을 회복하시고, 나쁜 나무에서 좋은 나무가 되게 하시며, 계속 말씀으로 교훈하셔서 고치시며, 우리의 의지와 성향이 하나님께로 기울어지게 하심으로 즐겁게 순종하게 하시고 선한 열매들을 맺어 가게 하십니다. 그러므로 믿음과 그에 따른 행위들은 인간의 공로가 아니라 하나님의 역사하심으로 얻어지는 결과라 하겠습니다.

[에베소서 1:19] 그의 힘의 위력으로 역사하심을 따라 믿는 우리에게 베푸신 능력의 지극히 크심이 어떠한 것을 너희로 알게 하시기를 구하노라

3. 하나님이 우리를 구원하시기 원한다 하더라도 다른 우연한 상황들이 우리의 구원을 방해할 수 있지 않을까요?

그분은 전능하신 하나님이시므로 그 어떤 세력이나 상황도 하나님의 구원을 방해할 수 없습니다. 또한 하나님은 태초에 모든 상황을 확정하셨고 계획하셨습니다. 모든 자연과 사람들이 하나님의 도구로 사용되며 **마침내 합력하여 선택받은 자들의 구원을 이룹니다(롬 8:28).**

[로마서 8:35] 누가 우리를 그리스도의 사랑에서 끊으리요 환난이나 곤고나 박해나 기근이나 적신이나 위험이나 칼이랴

4. 한 번도 복음을 듣지 못한 채 죽게 되는 사람들은 구원의 기회조차 얻지 못한 것 아닌가요?

사람들은 복음을 들은 자와 듣지 못한 자 사이에 어떤 차별이 존재한다고 생각합니다. 그러나 복음을 듣고 구원을 얻게 된 것이 내가 그들보다 뛰어나서가 아닌 것처럼, 복음을 듣지 못한 사람들 역시 그들이 더욱 부패하여서나 모자라서 그렇게 된 것이 아닙니다. 모두가 동일하게 부패하였고 구원받을 자격이 없습니다. 구원의 근거와 조건은 오직 하나님 자신 안에 있습니다. 그러므로 인간 편에서 어떤 차별이나 불공정의 가능성은 원초적으로 차단되어 있습니다. 그렇다면 그들은 왜 복음을 듣지 못했을까요? 굳이 이유를 찾자면 그들은 복음의 효과가 없는 자들이라고 볼 수 있을 것입니다. 만약 성령께서 그들의 마음을 강력히 두드려 열지 않는다면 그들은 노아 시대의 인류와 같이 하나님을 거부할 것입니다. 다시 원점에서 생각해야 합니다. 구원은 하나님의 주권에 달려 있습니다. 그러므로 비록 우리가 어떤 이들이 복음을 듣지 못한 이유를 명확히 알 수 없다 하더라도, 감히 하나님께 반문하기보다 그 과정 가운데 나타난 하나님의 위엄과 공의를 찬송하며 우리 자신의 구원을 감사해야 합니다.

[로마서 9:20] 이 사람아 네가 누구이기에 감히 하나님께 반문하느냐 지음을 받은 물건이 지은 자에게 어찌 나를 이같이 만들었느냐 말하겠느냐

5. 하나님이 자신의 권한대로 그리고 능력대로 구원을 행하신다면 복음을 듣지 못한 사람들도 구원을 받을 수 있지 않을까요?

하나님께서 만일 어떤 자들로 하여금 복음을 듣지 않고도 구원을 얻게 하셨다

할지라도, 그것은 그분의 절대적 주권이므로 아무도 이의를 제기할 수 없습니다. 실제로 하나님은 선택한 자들 가운데 복음을 받아들일 능력이 없는 자들을 그분의 성령으로 구원하여 주십니다(영아 및 장애인). 그럼에도 불구하고 하나님은 **복음을 구원의 역사 가운데서 제외하거나 무너뜨리지 않습니다.** 왜냐하면 스스로 복음을 중생의 씨와 영혼의 음식으로 세우셨기 때문입니다(마 13:1-9). 이런 이유로 사도들과 복음의 교사들은 하나님의 은혜를 경건히 가르치는 일에 전념하였습니다. 말씀과 성례는 하나님이 세우신 매우 주요한 구원의 방편들입니다. 구원의 방편과 그 실제적인 능력이 함께 역사할 때 우리는 구원이 오직 하나님께로부터 온다는 사실을 분명하게 알 수 있으며 모든 영광을 하나님께 돌려드립니다.

6. 복음을 듣고도 믿지 않는 자들에게는 복음의 능력이 제대로 발휘되지 못한 것 아닐까요?

아닙니다. 만약 외적인 복음의 능력으로 구원의 결과를 이끌어 낸다면 복음 설교자들에 의해서 성령님의 사역이 제한 당할 위험이 있습니다. 성령 하나님은 주권적으로 역사하십니다. 구원받을 자들은 반드시 구원을 얻습니다. 우리는 예수님의 설교에도 꿈쩍하지 않던 죄인들이 많았다는 사실을 기억해야 합니다. 참으로 진지하고 올바른 말씀 위에 선포된 모든 복음 설교는 풍성한 하나님의 계시를 담고 있으며, 하나님께서는 어느 때든지 진정성을 가지고 사람들을 초청하여 주십니다. 그럼에도 복음을 믿지 않는 자들은 스스로가 적극적으로 어두움 가운데로 돌아서며 하나님의 빛을 거부한 것입니다. 복음이 무의미하여서 혹은 효력이 없어서가 아닙니다. 복음의 진지한 초청을 받아들이게 하시는 성령님의 내적인 사역이 그들에게 함께하지 않았기 때문입니다. 맹인들이 모여 사는 곳에 하나님의 빛이 임했습니다. 그러나 그 빛을 볼 수 있는 자들은 성령님께서 그 눈을 뜨게 해주신 자들뿐입니다.

[요한복음 5:40] 그러나 너희가 영생을 얻기 위하여 내게 오기를 원하지 아니하는도다

1. 인간은 구원에 대하여 전적으로 무능할 뿐 아니라 하나님을 스스로 거부합니다. 그러나 하나님은 자신의 권능으로 역사하사 우리에게 복음을 듣게 하시고 믿게 하셔서 구원을 선물로 주십니다. 따라서 우리는 이것을 하나님의 은혜라고 말해야 합니다.

2. 어떤 사람들이 복음을 듣고도 받아들이지 않는 이유는 그들 스스로가 생명의 말씀을 거부했기 때문이며, 하나님께서 그분의 효력 있는 구원의 은혜를 그들에게 적용하시지 않고 지나치셨기 때문입니다.

3. 그러나 하나님은 작정된 사람들에게는 반드시 복음을 듣게 하시고, 효과적으로 부르시며, 그리스도의 믿음과 회개를 부여하셔서 대속의 은혜를 적용하여 주시고, 마침내 중생(거듭남)에 이르게 하십니다.

4. 중생은 사람의 의지와 결심에 따라 일어나지 않으며, 성부와 성자와 성령 하나님께서 그분의 위력으로 역사하신 자들만이 마침내 그리고 반드시 믿음으로 구원에 이르게 됩니다. 오직 하나님의 능력만이 사람을 중생하게 합니다.

5. 하나님은 절대로 구원을 위하여 인간과 협력하거나 그들의 능력을 요구하지 않으시며, 오직 전적으로 하나님 자신의 능력으로 어떠한 저항에도 불구하고 마침내 구원을 베푸십니다. 따라서 우리는 이것을 거부할 수 없는 하나님의 은혜라고 고백합니다.

1. 구원을 하나님의 은혜라고 말하는 이유는 무엇입니까?

2. 인간은 하나님의 구원하는 능력에 저항할 수 있습니까? 그 이유는 무엇입니까?

3. 사람들이 하나님의 복음을 듣고도 회심하지 않는 이유는 무엇입니까?

4. 우리가 하나님의 구원에 응답하여 하나님께 나아올 수 있는 이유는 무엇입니까?

■■ 생|각|해|보|기

1. 만약 인간이 스스로 하나님의 구원의 은혜에 저항할 힘이 있다면 신학적으로 혹은 성경적으로 어떤 문제가 발생할 수 있습니까?

2. 불가항력적 은혜 교리를 듣고 우리는 하나님께 어떻게 반응해야 합니까?

Chapter 05

성도의 견인
Perseverance of the Saints

[빌립보서 1:6] 너희 안에서 착한 일을 시작하신 이가
그리스도 예수의 날까지 이루실 줄을 우리는 확신하노라

마음열기

⊙ 세상에는 많은 영웅들이 있습니다. 그들은 인간 사회에 위대한 업적을 남겼으며 문명의 발전을 가져왔습니다. 그러나 인류 역사에 업적을 남긴 위인과 영웅의 용기와 지혜를 모두 모은다 해도 인간의 궁극적인 문제를 해결할 수 없으며 그들을 영원히 신뢰할 수 없습니다. 그 이유는 무엇입니까? 서로 논의해 봅시다.

> **칭기즈칸 / 세종대왕 / 시저**
> **아인슈타인 / 콜럼버스 / 노벨**

➥➡ 우리는 사망 권세의 위협을 받고 있으며, 성경은 마귀가 우는 사자와 같이 영혼을 삼킬 자를 찾고 있다고 말씀합니다. 성도의 견인 교리를 통해 우리가 이 **위험에 대하여 어떻게 안전을 보장받고 있는지**를 살펴보겠습니다.

1. 성도의 견인 교리에서 "성도"의 의미는 무엇입니까?

➜➜ 다음 중 어떤 사람을 교회의 성도라고 부르는지 답해 봅시다.

> ① 주일에 예배도 잘 드리고 헌금도 잘하는 사람
> ② 자신의 죄를 회개하고 예수님을 믿고 따르기로 작정한 사람
> ③ 교회에 출석한 지 3년 이상 된 사람
> ④ 교회에 다니지만 아직 집사, 장로, 목사가 되지 못한 사람

성도라는 말은 하나님의 은혜로 구원받은 **거룩한 백성** 혹은 **무리**라는 뜻입니다. 성도가 거룩하다고 인정받는 이유는 오직 예수 그리스도의 공로 때문입니다. 비록 우리가 판단하기에 흠이 많고 연약한 자들이라 할지라도 믿음으로 예수 그리스도를 구주로 고백한다면 그는 여전히 **성도**라 부름 받습니다. 예를 들어 고린도 교회는 상당히 많은 문제들을 가지고 있었지만 바울은 고린도 교인들을 향해 성도라는 호칭을 그대로 사용합니다. 물론 외적으로 성도라 부름 받는다 하더라도 그 이름 때문에 구원을 받는 것은 아닙니다. 성도라 부름 받는 자들 중에서도 마지막 날에 하나님을 외면할 자들이 있습니다(요일 2:19). 성도의 견인 교리에서 말하는 성도란 예수님을 믿는 참된 믿음을 가지고 하나님을 진실하게 섬기는 자들을 의미합니다.

[고린도전서 1:2] 고린도에 있는 하나님의 교회 곧 그리스도 예수 안에서 거룩하여지고 성도라 부르심을 받은 자들과

참된 성도들은 이미 거룩합니다. 그러나 아직 완전한 하나님의 나라가 오지 않

았기 때문에 이 땅에 사는 동안에는 죄를 지을 수밖에 없습니다. 새사람이 되었다고 해서 우리가 이전과 전혀 무관한 다른 사람이 된 것은 아닙니다. 죄로 훼손된 피조물을 새롭게 하셨다는 점이 중요합니다. 이것은 이미 시작되었지만 완전하지 않다는 구도 속에서 이해되어야 합니다. 하나님의 나라는 시작되었지만 아직 완성된 것이 아니라 만들어지고 완성되는 과정에 있습니다. 따라서 이미 구원이 확정된 사람들도 여전히 악한 본성에 이끌림을 받고 사망의 권세에 유혹을 받아 때로는 심각한 죄를 범하기도 하는 것입니다. 다윗과 같은 위대한 성경의 인물들도 어김없이 실족하였습니다. 물론 이 같은 일이 항상 일어나는 것은 아닙니다. 만약 지속적으로 반복하여 심각한 죄를 짓고도 양심의 가책을 느끼지 않는 사람이 있다면 자신이 정말 하나님의 자녀가 맞는지 다시 생각해 보아야 합니다. 그러나 그가 진실한 하나님의 자녀라고 한다면 때로 넘어지고 크고 작은 죄를 짓는다 하더라도 자녀됨의 지위를 잃어버리거나 빼앗기지 않습니다.

[디모데후서 2:25] 거역하는 자를 온유함으로 훈계할지니 혹 하나님이 그들에게 회개함을 주사 진리를 알게 하실까 하며

우리는 이 땅에 사는 동안 죄에서 완전히 자유로울 수 없습니다. 하나님께서는 죄를 극히 싫어하시며 그분에게는 어두움이 전혀 없으시므로, 우리는 하나님께서 제정하여 주신 은혜의 방편들을 부지런히 사용하여 경건을 훈련하며 죄와 싸워 이겨야 합니다(요일 1:6). 특별히 죄의 유혹을 이기도록 항상 깨어 기도하는 일이 무엇보다 중요합니다. 죄는 하나님의 진노의 원인이 되며 성령님을 근심하게 하고 은혜를 가로막아 우리를 영적인 침체로 이끌어 갑니다.

[베드로전서 5:8] 근신하라 깨어라 너희 대적 마귀가 우는 사자 같이 두루 다니며 삼킬 자를 찾나니

2. 성도의 견인 교리에서 "견인"의 의미는 무엇입니까?

이 교리의 제목만 들은 사람들은 고장 난 자동차를 견인차가 와서 끌고 가는 모습을 상상할지도 모릅니다. 그러나 '견인'이란 용어는 **견고한 인내**라는 뜻을 가지고 있습니다. 그럼에도 '견인차 비유'는 견인 교리를 설명하기에 유익합니다. 어느 날 자동차의 엔진이 멈추어 전혀 움직일 수 없는 상황이 발생했을 때, 힘이 좋은 견인차가 와서 끌어 주기만 한다면 세찬 바람이 불거나 높은 언덕을 오르더라도 목적지까지 무사히 도착하게 됩니다. 마찬가지로 하나님께서 **불가항력적인 은혜**로 우리를 도우시기 때문에 한 번 구원을 받은 성도들은 계속해서 구원을 받습니다(유 1:24). 하나님께서 그에게 구원을 베푸시기를 멈추지 아니하시고 그 구원을 완성해 주신다는 의미입니다. 하나님의 선택을 받은 자들은 구원받는 믿음에서 결코 떨어지지 아니하고 어떠한 유혹과 어려움에도 굳게 견디고 끝까지 인내합니다. 이러한 성도의 견인은 사람의 의지나 성품 혹은 행위로써는 절대 불가능하며 오직 하나님의 보전하시는 은혜로만 가능합니다. 만일 하나님께서 그분의 성령을 우리에게서 단 한순간이라도 거두어 가신다면 우리는 그 즉시 전적타락의 상태로 돌아가고 말 것입니다.

[베드로전서 1:5] 너희는 말세에 나타내기로 예비하신 구원을 얻기 위하여 믿음으로 말미암아 하나님의 능력으로 보호하심을 받았느니라

하나님께서는 자신의 뜻 안에서 선택하신 자들을 절대로 포기하시는 법이 없습니다. 그분은 영원토록 신실하신 **여호와 하나님이시기 때문입니다.** 비록 선택받은 영혼들의 마음이 하나님께 굳게 닫혀 있다 할지라도 그분은 완악한 마음을 부드럽게 만드시고 마침내 구원 얻는 믿음을 갖도록 하십니다. 아울러 하나님께서는 선택하신 자들이 하나님을 완전히 부인하거나 구원을 얻지 못할 죄에 머물도록 방치하지 않습니다. 혹시 우리 중에 누군가가 죄를 범한다고 할지라도, 하

나님께서는 말씀과 성령으로 죄 지은 자를 회개하게 하시고 돌이키게 하시며 마침내 그 죄에서 떠나도록 하십니다. 그리고 하나님의 자녀에 합당한 성품을 갖추게 하시며 거룩한 사람으로 점차 변화시켜 주십니다.

[로마서 8:35] 또 미리 정하신 그들을 또한 부르시고 부르신 그들을 또한 의롭다 하시고 의롭다 하신 그들을 또한 영화롭게 하시느니라

하나님께서는 전능하기 때문에 무엇이든 결정하신 그대로 성취하십니다. 그분이 구원하길 원하는 자가 있다면 반드시 구원하십니다. 그분의 손에서 그 영혼을 빼앗을 자가 아무도 없습니다. 예수님은 하나님께서 자기에게 주신 자들을 **하나라도 잃어버리지 아니하고** 다시 살리는 것이 **하나님의 뜻**이라고 말씀하셨습니다 (요 6:39). 무엇보다 하나님께서는 그 아들을 믿는 자들에게 **영생**을 주신다고 약속하셨습니다. 영생을 얻은 자들은 영원히 멸망하지 아니합니다. 따라서 신실하게 그리스도를 자기의 구주로 참되게 고백하는 사람들은 이미 영생을 얻었으며 영원토록 그리스도 안에서 안전합니다. 그가 참된 성도라고 한다면 혹시 모를 환난이나 박해가 찾아온다 할지라도 결코 하나님의 구원을 빼앗기지 않습니다.

[요한복음 10:28] 내가 그들에게 영생을 주노니 영원히 멸망하지 아니할 것이요 또 그들을 내 손에서 빼앗을 자가 없느니라

3. 우리가 끝까지 견인될 것을 어떻게 확신할 수 있나요?

① 도우시는 ____________하나님

우리가 하나님이 싫어하시는 죄 가운데 빠질 때 **성령 하나님**께서 우리의 완악한 마음을 고쳐 주시고 애통하며 회개하게 하시고 마음으로부터 악을 미워하게 하셔서 속히 그 죄에서 떠나 돌이키게 하십니다. **성령 하나님**은 확실히 그리고

효과적으로 택한 자들의 회개를 새롭게 하시어 예수 그리스도의 대속의 은혜를 계속 누리게 하십니다.

[로마서 8:26] 이와 같이 성령도 우리의 연약함을 도우시나니 우리는 마땅히 기도할 바를 알지 못하나 오직 성령이 말할 수 없는 탄식으로 우리를 위하여 친히 간구하시느니라

② _____________이 되시는 성령 하나님

성령 하나님께서 우리 가운데 내주하시면서 우리의 구원이 확실하다고 증언하여 주십니다. 성령을 받은 자들은 결코 구원이 취소되지 않습니다. 그런 의미에서 성경은 성령 하나님이 우리의 **구원의 보증**이라고 말합니다. 우리는 우리 속에서 역사하시는 성령을 경험하므로 말미암아 우리의 구원을 언제나 확신합니다.

[고후 1:22] 그가 또한 우리에게 인치시고 보증으로 우리 마음에 성령을 주셨느니라

③ ____________하시는 성령 하나님

하나님께서는 그분의 복음을 통해 은혜의 사역을 우리 안에 시작하신 것처럼 성경의 교훈을 듣고 깨닫게 하심으로 우리를 **인도**해 가십니다. 성령께서는 말씀을 통해 가르치시고 권면하시며 약속하심으로 참된 하나님의 뜻을 보여 주십니다. 우리는 이 말씀에 나타난 하나님의 신실한 약속을 믿음으로 말미암아 우리가 견인될 것을 확신합니다. 나아가 성령께서는 실제로 사단의 유혹을 이기는 힘을 제공하심으로 성도의 견고한 인내를 이끌어 가십니다.

[요한복음 14:26] 보혜사 곧 아버지께서 내 이름으로 보내실 성령 그가 너희에게 모든 것을 가르치고 내가 너희에게 말한 모든 것을 생각나게 하리라

1. 하나님께서 처음에는 구원하기로 하셨지만, 그 사람이 죄를 많이 지으면 하나님이 마음을 바꿀 수도 있지 않나요?

하나님은 세상에 일어날 모든 일을 이미 알고 계십니다. 그러므로 만일 하나님께서 사람의 행위를 따라서 구원을 취소하시려고 했다면 처음부터 그 사람을 구원하기로 정하지 않으셨을 것입니다. 하나님은 죄 없는 자가 아니라 심각한 죄 가운데 놓여 있던 죄인을 구원하여 주셨습니다. 죄 때문에 그들을 버리실 것이면 죄 있는 자들을 왜 구원하셨겠습니까?

[로마서 5:8] 우리가 아직 죄인 되었을 때에 그리스도께서 우리를 위하여 죽으심으로 하나님께서 우리에 대한 자기의 사랑을 확증하셨느니라

2. 주님은 열매를 보아 안다고 하셨는데 확실한 죄를 지은 사람을 과연 성도라고 볼 수 있나요?

하나님께서는 그분의 자녀들이 죄를 지음으로 근심하게 할 때에도 성령을 완전히 거두지 않으시며 하나님의 자녀로서의 자격을 박탈하지 않으십니다. 그러나 겉으로 드러난 죄가 있는데도 마음이 완악하여 도무지 회개의 징후를 보이지 않는 사람은 주님께서 교회에 주신 정당한 권리로 합법적 권징의 절차를 따라 교회 회원의 자격을 박탈할 수 있습니다. 물론 교회의 권징은 형제의 구원을 빼앗으려는 것이 아니라 그를 죄에서 돌이키기 위한 것입니다.

[마태복음 18:17] 만일 그들의 말도 듣지 않거든 교회에 말하고 교회의 말도 듣지 않거든 이방인과 세리와 같이 여기라

3. 가롯 유다처럼 예수님을 믿었다가 배신한 사람들은 어떻게 이해하나요?

예수님은 가롯 유다를 향해서 태어나지 않았으면 좋았을 것이라고 말씀합니다 (마 26:24). 그는 처음부터 선택을 받지 못했습니다. 만일 그가 스스로 하나님을 선택할 수 있었다면 태어나는 것이 그에게 기회였어야 합니다. 그러나 그는 하나님의 선택을 받지 못했고 겉으로만 예수님을 따르는 척했을 뿐 예수님을 팔아넘기는 악한 자로 쓰임을 받았습니다. 오늘날에도 우리 주변에는 외적으로는 전혀 의심할 것이 없는 성도였던 사람이 실족하여 이단에 빠지거나 하나님을 떠나는 경우를 종종 보게 됩니다. 사람들에게는 종교심이라는 것이 있습니다. 시몬 같은 자들은 돈으로 성령을 사려고 했으며, 십자가에 달리기 전에 예수님을 좇았던 사람들은 남자만 오천 명이 넘었습니다. 오늘날에도 불교나 다른 종교에 심취해 있는 자들같이 기독교에 심취해 있는 자들이 있습니다. 또한 성경은 성령의 실제적인 은사에 잠깐 참여한 자들에 대해서 말합니다(히 6장). 이들은 비록 잠시 성령의 사역의 효력 안에 머물렀으나 구원을 얻을 만큼의 은혜를 얻지 못했으며 스스로 하나님을 싫어해 떠난 자들입니다.

4. 그렇다면 계속해서 죄를 지어도 천국에 갈 수 있나요?

세상의 모든 죄들은 사하심을 받으며, 완전한 천국이 아닌 이 땅에 사는 사람들은 누구나 필연적으로 죄를 짓습니다. 그러나 그렇다고 해서 죄를 합리화할 순 없습니다. 왜냐하면 그리스도 안에 있는 자들은 죄를 짓더라도 속히 죄를 미워하고 회개에 이르며 결국 그 죄에서 떠나게 되기 때문입니다. 하나님은 그분의 성령과 말씀으로 우리에게 이 일을 하게 하십니다. 또한 하나님은 그의 자녀들이 결코 성령을 모독하는 죄와 같이 구원받지 못하는 심각한 죄를 짓도록 내버려두시지 않으십니다.

[요한복음 1:9] 만일 우리가 우리 죄를 자백하면 그는 미쁘시고 의로우사 우리 죄를 사

하시며 우리를 모든 불의에서 깨끗하게 하실 것이요

5. 성도의 견인 교리가 성도들을 죄에 대해 무감각하게 하고 나태하게 만들지 않을까요? 오히려 이것을 의심하는 것이 경건에 도움이 되지 않나요?

견인 교리에 대한 확신은 신자를 교만하게 만들거나 안일하게 만들지 않습니다. 만일 이토록 크신 하나님의 은혜를 참으로 깨닫기만 한다면 스스로 자신을 더럽힐 자가 누가 있겠으며 하나님을 만홀히 여길 자가 누가 있겠습니까? 하나님께서 우리에게 은혜를 주신 이유는 우리로 하여금 하나님의 거룩한 백성이 되게 하려는 것입니다(엡 1:4). 하나님의 은혜를 깨달은 자는 오히려 겸손히 하나님께 감사하며 자신의 성화에 책임을 다하는 자세를 가집니다. 그리고 그분이 참된 경건으로 이끌어 주시길 고대하는 마음으로 믿음에 이르게 됩니다. 신구약에 나타난 모든 믿음의 사람들은 자신의 구원의 보장을 확신하였지만 그렇다고 결코 경건의 훈련을 게을리하지 않았습니다. 오히려 견인의 교리를 의심하는 자들이 구원하시는 하나님의 능력을 알지 못하여 그것을 폄하하거나 그분의 은혜에 대한 불신으로 나아갈 위험이 있습니다.

[요일 3:3] 주를 향하여 이 소망을 가진 자마다 그의 깨끗하심과 같이 자기를 깨끗하게 하느니라

6. 요한일서에 보면 예수를 믿은 이후에는 다시 죄를 짓지 않는 것처럼 설명하는 구절이 있는데 이를 어떻게 이해해야 하나요?

요한 사도는 요한일서를 영지주의자들의 주장에 반대하여 기록하고 있습니다. 당시 이원론적인 영지주의자들은 육체는 악에 속해 있고 영은 선에 속해 있어서 육체를 가진 인간에게 죄는 필연적이므로 정당하다고 가르쳤습니다. 다시 말해 어떤 죄를 지어도 사람의 영은 구원을 받는다고 주장한 것입니다. 이런 주장에

대해서 사도 요한은 하나님께로 난 자들은 죄를 짓지 않는다고 말합니다. 이것은 모든 죄를 절대적으로 짓지 않게 된다는 말이 아니라, 하나님의 본성이 그에게 심겨졌으므로 죄를 짓지 않는 것이 그리스도인의 이상적인 모습임을 강조하는 말입니다. 실제로 **그리스도인들은 죄를 짓지 않는다**는 절대적인 명제가 **우리에게 죄와 피 흘리기까지 싸우게 하는 당위성을 줍니다.** 아울러 성경은 성경으로 풀어야 한다는 사실이 중요합니다. 바울은 로마서 7장에서 자기의 마음으로 원치 않는 악을 행한다고 스스로를 곤고한 사람으로 표현합니다. 또한 예수님께서 산상수훈에서 권징의 절차를 말씀하십니다. 만약 형제 된 그리스도인이 다시는 죄를 짓지 않는다면 왜 주님께서 죄를 지은 형제의 돌이킴에 대해서 말씀하시겠습니까! 성경은 성경을 속이지 않습니다. 마태복음에서 요한계시록까지 모두 하나님의 말씀입니다. 누군가의 말을 이해할 때는 어느 한 부분만 듣고 오해하지 말고 전체의 말을 듣고 이해해야 합니다.

[요한일서 3:9] 하나님께로부터 난 자마다 죄를 짓지 아니하나니 이는 하나님의 씨가 그의 속에 거함이요

히브리서 6:1-8 주석

어떤 사람들은 히브리서 6장의 본문을 가지고 이미 구원을 받은 자라도 그 구원에서 탈락할 가능성이 있다고 주장합니다. 그러나 본문은 견인의 교리를 위협하지 않습니다. 본문에 나타난 '한 번 빛을 받고 하늘의 은사를 맛보고 성령에 참여한 바 되고 하나님의 선한 말씀과 내세의 능력을 맛본 자들'은 구원의 보장을 받을 만큼 충분하고 효력 있는 성령의 은혜를 경험한 것이 아니라 단순히 간헐적이고 임시적인 성령의 실제 안에 잠시 머물렀던 것뿐입니다. 성령은 돌로도 소리치게 하시며 썩은 막대기도 사용하십니다. 그들은 하늘로부터 내리는 은혜의 비를 체험하고도 가시와 엉겅퀴를 내는 하나님의 저주를 받은 자들에 불과합니다. 오히려 전체 문맥을 살펴보면 히브리서 기자 역시 견인의 교리를 더욱 분명하게 증거하고 있음을 알 수 있습니다.

1. 성도는 오직 예수 그리스도의 공로 때문에 거룩한 백성으로 거듭난 사람을 의미합니다.

2. 본질적으로 거룩한 백성이 되었다고 하더라도 아직 완전한 하나님의 나라가 오지 않았으므로, 세상에 사는 동안 사단의 유혹을 받게 되며 때로는 죄 가운데 걸려 넘어지기도 하고 상대적으로 심각한 죄를 짓기도 합니다. 이러한 죄는 하나님과의 관계를 약화시키며 한동안 그 은혜의 효력을 경험할 수 없게 만듭 니다.

3. 비록 하나님의 자녀들이 때때로 죄에 걸려 넘어져도 하나님은 양자됨의 지위를 박탈하지 않으시며, 한 번 구원하기로 정하신 자들을 결코 사단에게 빼앗기지 않습니다.

4. 하나님께서는 선택받은 사람들이 구원에서 탈락할 정도로 심각한 죄를 짓도록 방치하지 않으시며 감당할 시험만을 주십니다. 또한 죄 가운데 걸려 넘어진다 하더라도 속히 돌이켜 자신의 죄를 회개하도록 인도하시며, 회개한 자를 용서하시고 다시 옳은 길로 인도하십니다.

5. 전능하신 하나님께서는 영생 주실 자에게 반드시 영생을 제공하십니다. 또한 한 번 영생을 얻은 자들은 결코 멸망하지 않으며 그들을 하나님의 손에서 빼앗을 자가 아무도 없습니다.

■■ 돌|아|보|기

1. 성도란 어떤 사람들을 의미합니까?

2. 성도에게 흠결이 발견되고 혹 죄를 짓는다 하더라도 곧바로 성도의 자격을 잃지 않는 이유는 무엇입니까?

3. 성도의 견인 과정에서 성령 하나님께서 하시는 일은 무엇입니까?

4. 성도의 견인을 우리는 어떻게 확신할 수 있습니까?

■■ 생|각|해|보|기

1. 만일 하나님이 우리의 죄나 연약함 때문에 우리의 구원을 취소하신다면 우리가 직면하게 될 문제들은 어떤 것들이 있을까요?

2. 실패한 자리에서 새롭게 일어나게 된 경험을 성령님을 중심으로 나누어 봅시다.

3. 견인의 교리를 통해 배우거나 느끼게 된 점은 무엇입니까?

참고문헌

- **[개혁교의학]** 유해무. 크리스챤다이제스트. 1997.
- **[기독교강요(상중하)]** 존 칼빈. 원광연 역. 크리스챤다이제스트. 2012.
- **[도르트 신조 강해]** 코르넬리스 프롱크. 황준호 역. 그책의 사람들. 2012.
- **[은혜 교리]** 코르넬리스 프롱크. 김동환 역. 그책의 사람들. 2012.
- **[지금 시작하는 교리교육]** 황희상. 지평서원. 2013.
- **[개혁주의 핵심]** 제임스 몽고메리 보이스, 필립 그레이엄 라이큰. 이용중 역. 부흥과 개혁사. 2010.
- **[칼빈주의 5대 교리를 어떻게 설교할 것인가]** 김철웅. 부흥과 개혁사. 2015.
- **[칼빈주의 5대 교리]** 에드윈 H. 필마. 성광출판사. 1999.